食の宝庫キルギス

先崎将弘 著

EURASIA LIBRARY

ユーラシア文庫
10

目次

食の宝庫キルギス

はじめに

キルギスは中央アジアにある小国である。中央アジア自体が日本ではそれほど一般的に知られているわけではなく、キルギスはなおのこと知られていないのではないだろうか。ましてや、そこでは人々がどのようなものを食べているかといったことはベールに包まれていると言って差し支えないだろう。

「食」という視点でキルギスを含む中央アジアの歴史をあらためて俯瞰してみると、この地域はさまざまな民族や文明の影響を受けていることが分かる。人間が生きていくうえで「食べること」を欠かすことはできない。民族や文明はそれぞれ特徴的な「食文化」を伴っているので、中央アジアのような複雑な歴史を持つ地域には、さまざまな食文化が混じり合った豊かな食文化を見ることができるのである。

キルギス共和国は、一九九一年のソ連崩壊により独立した新しい国である。それまではソ連を構成する社会主義共和国の一つで、面積自体はそれほど大きくないものの、中央アジアを特徴づけるさまざまな要素をコンパクトに見ることができる興味深い地域である。中央アジア全体の食文化については、二〇一二年に出版した拙著『美味しい中央アジア』（東洋書店）で概説しているが、そこでは遊牧民の食文化に充分触れることができなかった。中央アジアの北側を占めるステップと呼ばれる草原地帯は古来より遊牧民の世界であったが、遊牧民の食文化は私たち日本人のような農耕民にはなかなかイメージすることが難しいのではないだろうか。中央アジアにおける遊牧民の食文化を探求することが本書をまとめる動機となった。多民族国家であるキルギスの主要な民族であるキルギス人は古来より遊牧を生業としてきた民族である。現在では定住化が進んでいるが、その食文化には遊牧の伝統を見ることができる。

一方で、ウズベキスタンとの国境を接するキルギス南西部のオシュやジャララバードなどフェルガナ盆地に位置する都市は、ウズベキスタンのタシケント、サマルカンド、ブハラ、ヒヴァ同様のオアシス都市で、ユーラシア大陸の東西交流のルートであるオアシスの道（シルクロード）の経路にあたる。豊かなオアシス都市の権益をめぐり古来より多くの民

キルギス共和国

族がこれらの都市を通り過ぎた。その痕跡は現在の食文化にも見ることができる。それは中央アジアの歴史を映す鏡でもある。また、キルギス南西部はウズゲン米など良質な米の産地である。米の料理であるプロフ（ピラフ）や、中央アジア全体で主に使われる小麦などの農産物を使った料理を通じて農耕を行う定住民の食文化もまたキルギスの特徴である。

さらに現在のキルギスにはさまざまな来歴による少数民族を見ることができる。特にロシア帝国時代に移り住んだドゥンガン人と、ソ連時代に移り住んだ朝鮮人（高麗人）は特徴的な食文化をもっている。

数度にわたって現地に赴き、食を通じてキルギスを概観してみると、多民族からなる多様性と、複雑な歴史から来る複合的な食文化を見ることができる。キルギスは小国でありながら多様な食文化を楽しむことができる極めて魅力的な地域であり、その姿はまさに「食の宝庫」であると言えよう。多様なキルギスの食を通じて、キルギスのみならず広く中央アジアがどのような世界であるかを知るためのきっかけとなり、一人でも多くの方がこの地域に魅力を感じていただければ幸いである。

なお、国名は現地語に準ずればクルグズあるいはクルグズスタンとなる。本来であれば国名や地名は現地語表記すべきものであるのだが、本書では日本で一般的に定着している「キルギス」という表記で統一したことをあらかじめお断りしておきたい。

第1章　中央アジアのなかのキルギス

1　キルギス共和国の由来

キルギスは国土のほとんどが天山《テンシャン》山脈の山岳地帯にある小国である。この国では夏でも天山山脈の雪山を見上げることができ、また琵琶湖の九倍の面積を持つイシク・クリ湖が美しい風光明媚な場所で、「中央アジアのスイス」とも呼ばれている。東端の中国との国境にはポベーダ峰（七四三九メートル）を筆頭にハン・テングリ峰（六九九五メートル）など高い山々がある。国土を大まかに俯瞰して見ると、主な都市も東部の高地にあり、首都ビシュケクは標高が八〇〇メートルもある。他の都市も標高一〇〇〇メートル以上の場所が多い。キルギス東部はこのように高い山々とジァイロと呼ばれる高地草原が広がる場所である。気候は比較的に冷涼で降雨もある。中央アジアのイメージとしては乾燥した砂漠を思い浮かべがちだが、キルギスでは緑が豊かな光景が広がる。

一方で、キルギス南西部のオシュやジャララバードなどの都市はウズベキスタンとの国

高地草原（ジャイロ）

境に広がるフェルガナ盆地にある。標高も四〇〇〜五〇〇メートルにあり、天山山脈やパミール高原からの雪解け水などの河川の恩恵を受けて農耕が盛んで豊かな地域である。キルギス東部が遊牧民の世界であるのに対し、南西部は定住民の世界である。フェルガナ盆地の大部分はウズベキスタン領であり、定住民族のウズベク人が多数を占めている。オシュやジャララバードはキルギス領であるが、やはりウズベク人が多い。

キルギスの主要民族であるキルギス人はロシア革命以前のロシア語文献ではカラ（黒い）・キルギスと呼ばれていた。一方、当時のカザフ人のことはキルギス・カザク、キルギス・カイサクとも呼ばれ、一九二〇年にはロシアの内部にキルギス自治共和国が生まれた。この自治共和国は現在のカザフスタン共和国の前身に当たる。ロシアから見るとカザフ人とキルギス人は同じように見えたようである。キルギス人は古来より遊牧を生業としていた。部族集団としてのまとまりはあったが、キルギス民族としての独立した領域を持ったのは、ロシア革命後の一九二四年にソヴィエト連邦を構成するロシア連邦社会主義共和国の中に形成されたカラ・キルギス自治州が初めてである。その後自治共和国を経て一九三六年にキルギス・ソヴィエト社会主義共和国となりソヴィエト連邦の構成共和国となったのだが、一九九一年のソ連の崩壊に伴いキルギス共和国として独立するのである。ソ連時代のキルギス社会主義共和国は、ソ連の一つの地方自治体のような扱いであったので、一九九一年の独立は、キルギス人にとって初めての国家となったとも言える。

キルギス人が最初に文献に登場するのは、中国の歴史書『史記』匈奴伝の「堅昆」という遊牧集団で、これがキルギス人を示すものと考えられている。「堅昆」はユーラシア内陸部のエニセイ川上流にいた匈奴に属するグループで、「エニセイキルギス」と呼ばれる。一方、現在のキルギスの領域を含む天山、パミール・アライ両山脈に居住している「天山キルギス」と呼ばれるグループがある。「天山キルギス」は現在のキルギス共和国の主要民族の起源であると考えられているが、「エニセイキルギス」と「天山キルギス」がどのような関わりを持っているかについては諸説あるが詳しいことは分かっていない。キルギス人が中央アジアに居住するようになったのは、モンゴル時代以降十五世紀半ばから十六世紀にかけてとされる。

　現在のキルギス人はテュルク系の民族とされている。テュルクとはテュルク系の言語を話し、民族の記憶や系譜を共有する人々である。テュルクの歴史は古く、古代中国の史書において「丁零《ていれい》」や「高車《こうしゃ》」と呼ばれ、モンゴル高原で活動する民族であった。その後、彼らの活動範囲はユーラシア全体に広がっていき現代に至っている。元々の「エニセイキルギス」はコーカソイド系の遊牧民であったとされるが、テュルクの広がりと共に彼らとの混血が進み、モンゴロイドの形質を持つテュルク化をしていくことになった。現在のキルギス人は見た目が日本人とそっくりで、キルギスを訪れるとあまり外国にいるような気がしない。彼らは非常に親日的で、「昔キルギス人と日本人は兄弟だった。肉が好きな者は西に向かいキルギス人となった。魚が好きな者は東に向かい日本人になった」という言い伝えがある。

そう言われると、われわれ日本人もキルギス人に対して親近感が湧くのではないだろうか。

2　中央アジアの歴史的背景

キルギスは国土の東北部と南西部で自然環境が異なり、地域ごとの生業も食文化も異なっている。キルギスの食文化を紹介する前に、まずは中央アジア全体の食文化がどのように構成されているかを見ておきたい。中央アジアはいわゆる「シルクロード」による東西交流や、オアシス定住民と遊牧民の関わりの中で育まれた文化である。その中でキルギス人は遊牧に由来する文化を育んできたが、現代では定住民の要素も持ち合わせている。

現在の中央アジアには、ウズベキスタン共和国、カザフスタン共和国、キルギス共和国、タジキスタン共和国、トルクメニスタン共和国の五カ国がある。これらの諸国は一九九一年のソ連崩壊に伴い独立した比較的新しい国々である。このうち、キルギス共和国は独立当初は「キルギスタン共和国」と称していたが、一九九三年に現在の名称に変更された。

これら中央アジアの諸国は文化的にも共通するものが多く、民族的にもペルシア系のタジキスタンを除いてテュルク系である。そのためこの地域は「トルキスタン」とも呼ばれている。トルキスタン自体には中国領新疆ウイグル自治区も含まれており中国領は「東トルキスタン」、旧ソ連領を「西トルキスタン」という言い方もする。本書で扱う範囲は西トルキスタンということになる。なお、東トルキスタンの他にも中央アジアに隣接する地域では中央アジアと同じような文化を見ることができる。地続きの内陸国では国境線で民族や文化が分断されているわけではないのである。

中央アジアとひとくくりにしても地域ごとの自然環境は異なり、それに伴い生活習慣や食文化も異なってくる。まず、中央アジア南部は乾燥した砂漠とオアシスによる定住民の世界である。定住民は乾いた土地を優れた灌漑技術により改善して農耕を行い、あるいは交易を行ってきた。現在のウズベキスタンにあるサマルカンド、ブハラ、ヒヴァなど古くからある砂漠のオアシス都市を結ぶ道は、「オアシスの道」、いわゆるシルクロードとして東西交流の経路であった。一方で北部は若干の降水量がありステップと呼ばれる草原地帯である。この地域は古くから遊牧民による牧畜の世界である。多くの遊牧民たちが移動したこのステップは「草原の道」としてもう一つの東西交流の役割を果たしていた。ここではまず、南部の砂漠のオアシス都市を中心とする定住民の世界と、草原の遊牧民の世界がそれぞれどのような歴史を辿ってきたか簡単に見ていく。

(1) ペルシアの食文化

中央アジア南部に広がるキジルクムやカラクムなどの砂漠にはヒヴァ、ブハラ、サマルカンドなどのオアシス都市が古くから栄えており、ここでは定住民たちが進んだ灌漑技術による農耕を行ったり、手工業を行ったりしてきた。また、他の都市や遊牧民との交易により経済的にも文化的にも豊かな世界であった。現在でもこの地域では刃物やスザニというシルクの刺繍など手工業製品が特産となっている。オアシスの住民としては、かつてシルクロードの交易の担い手であったソグド人が知られている。ソグド人はアケメネス朝ペルシア時代の紀元前六世紀から前五世紀にかけてより名前が知られていた。ソグド人はペルシア系の民族であると言われており、この地域はソグディアナとも呼ばれていた。この地はアケメネス朝やサーサーン朝といったペルシア帝国の影響下にあり、ペルシア文化は中央アジアの基層文化であると言える。

現在でも中央アジアの食文化にはタンディル（粘土窯）で焼いたナン（平焼きパン）やサムサというパイがよく見られる。タンディルは、メソポタミア文明で使われたアッカド語の「ティヌール」、「テヌール」に遡るほど古いもので、小麦の栽培とパン（ナン）の加工と共に発達したのであろう。タンドールとも呼ばれ、ペルシア文化の広まった地域だけでなく、南西アジアにかけての広い地域でよく見られる竈である。

中央アジアでは、西アジア起源の小麦だけでなく、東アジアを起源とする米の料理もよく食べられる。代表的な米の料理はプロフ（ピラフ）という炊き込みご飯であるが、この炊き込みご飯は中央アジアに限られるものではなく、南西アジアの広い地域でも同じような料理を見ることができる。中央アジアの小麦や米の料理はまさにユーラシアの東西の食文化の接点である。このうち、プロフは重要な料理に位置づけられており、中央アジアを代表する料理のひとつである。

現在の中央アジアはイスラームの世界であるが、イスラームが中央アジアに伝えられる前はゾロアスター教（拝火教）やマニ教あるいは仏教の世界であった。ゾロアスター教では新年は春分の日前後に始まり、現在でもナウルーズ（ノウルーズ）として中央アジアの祝日となっている。「ナウ（新しい）」「ルーズ（日）」という意味の文字通り新年である。中央アジアではこの日にハフト・スィーン（七つのS）というペルシア語で「S」の付く単語のものを飾り付け正月を祝う。例えば「サブジ（青草）」や「シーブ（りんご）」といったものがある。「七《スィーン》」はとても縁起の良い数とされている。また、麦芽を長時間煮詰めたスマラクという甘いペーストも「S」が付く縁起の良いものであり、お茶請けとして食べられている。このスマラクは、イランではサマヌーという名前でやはりナウルーズ（イランではノウルーズ）の料理として食されている。現在の中央アジアはイスラーム文化圏に含まれるが、よく見てみるとゾロアスター教という元々のペルシア文化を起源とする姿を見ることができるのである。

(2) 中国の食文化

シルクロードの交易などを通じて中国文化も中央アジアに伝わってきた。ソグド人による交易のほか、紀元前二世紀の漢の武帝による張騫《ちょうけん》の大宛国（フェルガナ）、大月氏（ソグディアナ）派遣、八世紀のタラス河畔の戦いに代表される唐とアッバース朝（アラブ・イスラーム帝国）の中央アジアをめぐる覇権争いなど、中国と中央アジアが交わる歴史があった。タラス河畔の戦いでは中国の製紙法が西方に伝えられたというエピソードが知られている。中国の料理がいつ中央アジアに伝えられたのか資料は見当たらないが、長い歴史の中で食文化の交流があったことを否定することはできないだろう。現にその痕跡はラグマンやマンティなどの料理にも見ることができる。ラグマンは拉麺（ラアミエン）、マンティは饅頭（マントウ）という漢語が元になったと考えられている。

中国文化の影響で忘れてはならないのは喫茶の習慣である。茶葉は中国南部で栽培されており、中央アジアではコク・チャイ（緑茶）とカラ・チャイ（紅茶）が飲まれている。チャイハナと呼ばれる喫茶店も中央アジアではよく見られるものである。中央アジアにおけるチャイハナは、単なる喫茶店というだけでなく村やマハッラ（町内共同体）の寄り合いの場という機能がある。村や町内の様々な問題を解決する言わば役場のような場である。そのためチャイハナは村やマハッラに一箇所設置されているのが普通である。

中国の食文化と言えば箸が特徴だが、中央アジアでは箸の使用はあまり見られない。中央アジアは手食を基本としていて、匙《さじ》を使うこともある。箸は伝わったかも知れないが、一部の少数民族で使われるくらいである。なお、現在では主にロシアを通じて西洋文明が入ってきたため、フォークやスプーンなどの洋食器は普通に使われている。

（3）イスラームの食文化

七世紀前半（六一〇年）にアラビア半島のメッカに興ったイスラームは、ムハンマドが神の啓示を受けて始めた宗教を軸にした社会である。単に宗教という面だけでなく、生活規範や社会に影響を及ぼすものであるので、本書では「イスラム教」ではなく「イスラーム」と表記している。イスラームは七世紀から八世紀にかけて急速に勢力を拡大し、正統カリフ時代からウマイヤ朝といったアラブ・イスラーム帝国が中央アジアまでも勢力範囲とした。それまでソグディアナと呼ばれていたこの地は、マー・ワラー・アンナフル（川向こうの地）とアラビア語で呼ばれるようになった。この「川」とはアム・ダリア川を指す。

以降アッバース朝（八世紀）やサーマン朝（九世紀）など中央アジアではイスラーム王朝が続くことになる。十三世紀のモンゴルの侵攻を経て、十四世紀に興ったティムール帝国は中央アジアのイスラーム文化が花開いた時代である。オアシス都市のブハラやサマルカンドの美しい建造物群はこの時代のものであり、中央アジアを代表する光景となっている。ただし中央アジアのイスラーム化は一様ではなく、北部の遊牧民の間まで浸透するには長い時間がかかった。

イスラームは生活文化の規範として次第に中央アジアに根を下ろしていくことになる。食文化から見るイスラームの特徴は聖典であるコーラン（クルアーン）とムハンマドの言行録であるハディースの規範に基づいている。このハディースの編纂で名高い、九世紀のイスラーム法学者であるムハンマド・アル＝ブハーリーは中央アジアのブハラ出身とされている。イスラーム法において禁じられているものをハラムと言い、良く知られているのは豚肉と飲酒の禁忌である。反対に許されたものをハラールと言う。イスラームの習慣で食文化に影響があるのはラマザーン（ラマダーン）と呼ばれるイスラーム暦第九月に行われる断食月があることである。断食を行うのはムスリム（イスラム教徒）の義務であり、この時期にムスリムは日中の食事を禁止される。そのかわり、日没後にイフタール（断食を解く食事）という食事を摂る。断食というと禁欲的なイメージがあるかも知れないが、イフタールでは普段よりもご馳走を食べるという楽しみもある。ラマザーン明けはイード（ハイートまたはアイト）と言って盛大にお祝いをする。イスラームでは太陰暦に基づくイスラーム暦を使用しており、イスラーム歴は西暦より十日ほど日数が短い。よってラマザーンの時期は毎年少しずつずれていく。中央アジア諸国ではこのイードが移動祝祭日となっているところもある。

中央アジアからペルシアやトルコではイスラームという共通点があり、食事の際は絨毯に料理を並べて座して手を使って食べる。スープ類は手ではすくえないので匙を使う。中央アジアでも正式にはプロフ（ピラフ）は手で食べる。プロフは東トルキスタンのウイグルではポロと呼ばれるが、中国語では抓飯（手づかみ飯）と表記され、油炒めご飯である炒飯（チャーハン）とは区別される。

イスラームはとても広大な範囲に広がっているが、料理の面でもイスラームの食文化として共通するものが見られる。例えばケバブという焼肉がある。串に刺した焼肉はシシュ・ケバブ（串焼肉）と言いよく見られる。また、シュルヴァ（ショルポ）というスープや砂糖を多用したお菓子類もまたよく見られるものである。

（４）ロシアの食文化

ロシア帝国の中央アジア進出が始まったのは十六世紀、モスクワ大公イヴァン四世がヴォルガ川中流域のテュルク系のイスラーム王朝であるカザン・ハン国を併合したことに始まる。ここを足がかりにロシアは中央アジアへ勢力を伸ばしていくことになった。当時の中央アジアはオアシスごとにコーカンド・ハン国、ブハラ・ハン国（一七八五年以降はブハラ・アミール国）、ヒヴァ・ハン国の三カ国に分立していた。

十九世紀に入ると、ロシア帝国はタシケントのコーカンド・ハン国を征服し、トルキスタン総督府とステップ総督府が置かれることになった。ここからロシアの中央アジア支配が本格化し、オアシス都市のブハラ・アミール国やヒヴァ・ハン国などを次々にロシアの保護国としていった。現在の中央アジアの領域はこうした歴史の流れによって形成されていくことになった。その後二十世紀に入ると中央アジアは社会主義革命の荒波に飲まれることになり、ソヴィエト連邦の構成共和国に再編されることになった。

ロシア帝国から連邦時代にかけてロシア・ソ連の文化も中央アジアに流入することになった。多くのロシア人が中央アジアに移り住み、都市にも近代的な街路が整備されていった。キルギスの首都ビシュケクも一時はフルンゼと呼ばれロシア風の都市になった。

食文化においてもロシアの影響が見られるようになった。ロシア人の移住に伴いボルシチやビーフストロガノフ、オリヴィエ・サラダ（ポテトサラダ）などのロシア料理が食べられるようになった。また、ウォトカなど飲酒の習慣も持ち込まれた。もともとペルシアから中央アジアのオアシスにかけては古来より葡萄の栽培とワインの文化があり、十世紀のサーマン朝の詩人ルダキーは酒をモチーフとした詩を残している。しかしイスラームの浸透により飲酒の習慣は次第に表舞台から姿を消していった。ところがロシア革命後のソ連時代は、イスラームをはじめとする宗教は弾圧され、その一方で比較的飲酒については寛容な社会であった。現在では、中央アジアでもソ連の影響で無宗教となった者もあり、またムスリムであっても比較的飲酒には寛容である。宴会ではウォトカやブランデーなどの酒がたびたび供される。

食材もロシア料理ではムスリムの料理と違い豚肉も使われる。また、宗教が抑圧されたソ連時代を経てムスリムの中でも豚肉を食べる者もいる。バザール（市場）を覗くと目立たないながら豚肉売り場もある。イスラームというと画一的な食文化を持っていると思われるかもしれないが、地域によって異なり、中央アジアはその中でも特に多彩な側面があると言えるだろう。

言語においても、ソ連時代にかけてロシア語化が進んだ。現在でも民族語ではなく、ロシア語で教育を受ける者も多い。料理の名称もナンがレピョーシカ、シシュ・ケバブがシャシルィクとそれぞれロシア語で置き換えられることもある。逆に、プロフもシャシルィクもロシアの地方料理の一つに組み込まれ、ロシア料理と中央アジアの料理との境界はわかりにくくなっている。また、ロシア料理のメニューに伝統的な中央アジアの料理が組み込まれるようにもなった。ロシア料理でのメニュー構成は、①ザクースカ（前菜・サラダ）、②第一の料理（スープ類）、③第二の料理（主菜）、④デザート、⑤お茶の順である。このロシア料理の構成は「ロシア式セルヴィス」（セルヴィスはフランス語で給仕、料理の出し方の意味）と呼ばれ、フランス料理におけるフルコースの構成にも影響を及ぼしたものである。このメニュー構成に従って中央アジアでは、例えば②のスープ類にシュルヴァ（羊のスープ）、③の主菜にプロフやラグマンなどが取り込まれた。メニューの中では伝統的な中央アジア料理とロシア料理の区別なく同列にボルシチやビーフストロガノフなどが並べられている。

このように近現代におけるロシア・ソ連は中央アジアの食文化に大きな影響を及ぼす時代であった。

(5) 遊牧民の世界

中央アジアの代表的な河川であるシル・ダリヤ以北は広大なステップ(草原)が広がり古来より季節に応じて家畜とともに放牧地を移動する遊牧民の世界であった。動物の家畜化は遅くとも紀元前六六〇〇年に西アジアで始まったとされる。最近の研究では遊牧を含む牧畜は、狩猟採集から直接移行するものではなく、まずは農耕が始まり、次に家畜飼養を伴う生業に移行する。さらにそこから農耕が欠落し牧畜を専ら行う者が現れてきたと考えられている。牧畜の発達は土地や気候などの影響によりその場所に適する形で分化していったのであろう。牧畜のうち、季節に応じて放牧地を移動していくという生業が遊牧となる。牧畜民の食において最も重視されるのは肉と乳の利用である。また家畜の毛皮も重要な副産物であった。遊牧を含む牧畜を生業とする民族は世界各地に見られ、その形態もそれぞれ異なる。本書で取り上げるのはキルギスを始めとする中央ユーラシアの遊牧である。その食文化については章を改めて触れていきたい。

ところで、中央アジアの遊牧民はこの地域がトルキスタンと呼ばれるとおりテュルク系民族の世界であると言えるが、オアシス地帯の民族構成と同じく、草原地帯にも元々はペルシア系の遊牧民がいたと考えられている。例えば紀元前六世紀頃に中央アジアに現れたサカ（スキタイ）もペルシア系であり、アケメネス朝ペルシアの影響下にあった。テュルク系遊牧民族は紀元前五世紀の高車と呼ばれた遊牧騎馬民が最初である。機動力が高く軍事的に優れた遊牧民はやがて「遊牧国家」を建国していく。五世紀頃の中央アジアの草原では、アルタイ山脈から天山山脈にかけてはテュルク系の高車、カザフ草原ではペルシア系のエフタルという遊牧国家が並んでいた。遊牧国家はオアシスの道（シルクロード）で東西交易に従事するソグド人と関わり合いながら交易で得た利益を集めることで繁栄した。つまりソグド人などオアシス定住民にとって遊牧民は常に敵対するものではなく、遊牧国家の軍事力による庇護を受けて居住と交易の安全を得るという面もあった。一方で遊牧民は定住民が生み出す利益を得ることができ、さらに農耕を行わない遊牧民が定住民から農産物を得ることができた。遊牧国家では定住民と遊牧民の相互依存の関係があったと言える。

六世紀になるとテュルク系の突厥《とっけつ》が勢力を伸ばし、エフタルを滅ぼしその支配下のオアシス都市を勢力範囲に入れた。モンゴル高原を起源とするテュルク系の遊牧民は時代を経て中央アジアまで西進し、さらにアナトリアを中心とする現在のトルコ共和国までを範囲とする広大なテュルク系民族の世界を形成していくのである。十三世紀のモンゴル帝国が極めて短期間にユーラシアの大部分を勢力下に置くことができたのは、テュルク系の遊牧国家の地ならしがあったという側面もあるだろう。この本の主要な題材であるキルギス民族はユーラシアにおける遊牧民の興亡の中で登場したのである。

現在の中央アジア諸国はイスラームが主要な宗教とされているが、テュルク系の遊牧民の間ではシャーマニズムと共にテングリ信仰と呼ばれる天神崇拝が大きな意味を持っていた。そのために中央アジアがイスラーム化する過程において、遊牧民への浸透は時間がかかった。彼らのイスラーム化には伝統的な宗教における祈祷師（シャーマン）の役割に似通うスーフィー（イスラーム神秘主義者）の力によるところが大きい。このため現在のキルギスではムスリムといっても比較的緩やかな信仰心と古来からの自然崇拝の片鱗を感じることがある。

第2章　遊牧民の食文化

1　肉食文化とは

遊牧民の生業は季節に応じて羊、馬、牛などの家畜とともに放牧地を移動して牧畜を行うものであって基本的に農耕は行わない。キルギス人も遊牧を起源とする民族なのであるが、ソ連時代に定住化と集団化が進められ、現在では定住地を持ちながら季節に応じて家畜の放牧地を変えて牧畜を行っている。なかには小麦栽培などの農耕を行っている者もいる。キルギスは山岳国であり隣国であるカザフスタンのような広大な放牧地を得ることができない土地柄である。よって夏は標高の高い場所で放牧を行い、冬は標高の低い場所で放牧を行うという垂直型の牧畜を行うという特徴がある。現在のキルギスでは定住民の食文化を受け入れつつもかつての遊牧の伝統を見ることができる。

遊牧民の食文化は大きく分けると①肉、②乳製品、③農産物の三つに分けることができる。伝統的に農耕を行ってこなかった遊牧民にとっては基本的には肉と乳製品が大きな柱である。ただし、農産物を全く利用してこなかったわけではなく、小麦などを使った料理もある。ここで利用する農産物は定住民との交易により手に入れるものであり、遊牧民にとっては貴重で高級な食材であった。

肉は家畜を屠《ほふ》り、その場で煮たりして食べるほか、腸詰などに加工して保存食とする。肉の加工作業は基本的には冬を前に行い、保存した肉は冬の間の食べ物となる。一方で、春になると草原には草が生え、仔羊や仔牛などの生育に適した環境になる。春に産まれた仔のために母親が乳を出す。乳はそのままでは飲用せずに直ちにバターやチーズなど保存用に加工する。その乳加工には多様な種類が存在する。遊牧民にとって多様な乳製品は夏の食料となるのである。

冬の肉と夏の乳製品は遊牧民の食文化の基本ともいうべきものになる。この一見シンプルな食文化は、一年を通じて安定的に食料を得ることができるよう極めて緻密に計算された高度なものであることが分かる。味についてもそれほど美味しくないだろうという先入観を持っていた筆者自身も驚くほど彼らの料理は繊細で美味に感じられた。

遊牧民における小麦などの農産物の利用は、定住民との接触で得たものである。遊牧民の食文化は肉と乳製品の二種類で成立しないこともないが、遊牧民とは定住民から孤立したものではなく、定住民と常に関わりあうものであった。すなわち、遊牧民の機動力を背景とした軍事力による交易の安全性の確保、それによるオアシス定住民の経済活動の活発化とそれに伴う遊牧国家の繁栄という相互依存の関係がある。この関係性の中で定住民は遊牧民から家畜や毛皮を得て、遊牧民は小麦などの農産物を得ることが可能となる。ただし、遊牧民は常に移動するものであるのでタンディル（パン焼き窯）のような大型の調理器具は持たない。その代わりに、中央アジア全域で見られるカザンという鉄製の丸鍋などで調理できる遊牧民特有の小麦料理を見ることができるようになったのである。

２　家畜市場

現在のキルギスでは定住化が進んでいるので、牧畜のみを生業として行い、定住地を持たずに季節に応じて放牧地を変えるという純粋な遊牧民は存在しないが、生活の中では家

マル・バザール

畜との関わりは濃厚である。キルギスにおいては国内には家畜の取引を主に行うマル・バザール（家畜市場）がいくつかある。このバザールは常設のものではなく、決まった日に行われる定期市である。その中でも大規模なマル・バザールがキルギス東南部のナリン近郊のアトバシという場所にあるマル・バザールである。アトバシという地名は「馬の頭」という意味で、マル・バザールは毎週日曜日の午前中に開催される。アトバシは夏でも雪を戴く天山山脈の山々を見上げることのできる広大な敷地で、周辺の地域から乗用車やトラックでおびただしい数の羊、牛、馬、ヤクなどの家畜が集められて現金や物々交換で家畜が取引される。家畜は羊や牛など種類ごとに区画に分けられている。羊売り場では羊が尻を向けて繋がれて客を待っている。客は羊の尻に付いた脂の状態をみて良し悪しを判断するのである。素人では判断が付かない場合は近くにいるアドバイザーに助言を求めることもあるようだ。買われた羊は紐で引っ張られたり、前足一本だけを掴まれて引きずられていったりと割と手荒に扱われて連れて行かれる。

　アトバシは高地にあるために牛のほかに連れてこられたヤクの姿もみられる。馬の売り場もあるが、どちらかというと馬は乗用で使われるようだ。乗用といえば駐車場では自動車の取引も行われている。馬と自動車を交換することもあるようだ。キルギス人には馬も自動車も同じような扱いなのかも知れない。

　マル・バザールでは家畜の取引のほかに野菜や果物、小麦をはじめとする穀物など農産物の取引も行われる。マル・バザールのような場でかつて遊牧民と定住民の交易が行われていたのだろう。人や家畜で賑わいを見せるバザールは午後になると静かな草原に戻るのである。

３　屠畜（ソイ）と料理

　肉類はバザールで簡単に手に入れることができるが、結婚式、来客、ラマザーン（断食）明け、割礼など特別な行事があるときは家庭で羊などの屠畜を行う。家畜を屠り宴会を開いて料理を振る舞うのである。この屠畜をソイと言う。筆者はキルギスのビシュケク郊外にあるカラバルタの家庭でソイに立ち会った。山がちなキルギスでは珍しく平坦な小麦畑などが広がるカラバルタは「黒い斧」を意味する村である。

農道を入って、敷地の門をくぐると中庭があり、庭に面して母屋が一棟、その他に台所、倉庫、家畜小屋がそれぞれ一棟ずつ建っている。靴を脱ぎ母屋に上がるとすぐに大きなテーブルのある応接間に通された。テーブルにはすでに果物やナスにトマトを挟んだオードブル、平焼きパンであるナン（レピョーシカ）が並べられていた。ナンにはハチミツやカイマックというバターを付けて食べる。

家の主人と挨拶を交わしてから中庭に案内された。これからソイが始まるのである。夏の午前、快晴の爽やかな日であった。家畜小屋から黒い羊が一頭中庭に引き出されてきた。中庭の一角にはビニールシートがあらかじめ敷かれている。居合わせた一同はまずお祈りを始める。お祈りの言葉は奥さんが述べ、最後に「オーミン」と言ってから両手で顔を拭くような所作をする。とても静かで神聖な一時である。お祈りが終わると、居合わせた男性たちが羊をビニールシートに倒して押さえつける。刀を持つのは近所で最も羊のソイが上手な年配の男性である。押さえつけられた時、羊は少し暴れたが鳴くこともなくあっという間に頸に刀が入れられた。勢いよく血が出るが別の男性がタライで受け、大地に血が流れることはない。羊が動かなくなると次に皮を剥ぐ作業に取り掛かる。皮もあっという間に綺麗に剥がされ、女性たちも肉や内臓を取り分けるタライを用意して忙しく動き回るようになる。羊のお尻には大きな脂肪の塊があり、羊の大きさからすると思ったより内臓の部分が多くて肉はそれほど多くない。肉の解体は慎重に部位ごとに丁寧に切り分けられていく。

切り分けられた腸などの内臓は女性たちが水で丁寧に洗って早速料理の準備を始める。まずは、心臓や肝臓をミンチにして、刻んだタマネギと米を混ぜて、洗った腸に詰めてブジュという腸詰を作る。また、腸詰に用いなかった別の腸は丁寧に編み込み、茹でてから食べることになる。変わったところでは、肺を使った料理がある。

庭での屠畜（ソイ）

まずは水を張ったタライに肺を入れ、さらに気管から口で空気を吹き込んで肺に穴が空いていないか確かめる。肺は、中に牛乳を入れて茹でて作るオロボという料理にする。しかし今回は残念ながら解体する際に傷が付いて、肺の中に牛乳を入れても漏れてしまうのでオロボを作ることができなかった。オロボは解体時点から極めて慎重さが求められるデリケートな料理である。また、外した頭と四肢は鋤に刺してたき火の火で毛を焼く。この部分は毛を剥ぐのが難しいのである。毛を焼いた後はそれを丁寧に水で洗う。

羊の煮込み

ひと通り肉や内臓の下ごしらえが済むと台所ではそれらを煮込むための鍋の準備が始まる。台所の竈にはカザンという鉄製の丸鍋が二つかけることができる。竈の燃料は薪や干した牛糞などであり、燃料などを集めてくるのは子どもたちの役割だ。ソイは老若男女家族総出で行われるのである。竈に二つかけられた鍋の一つには肉を入れ、もう一つの鍋には内臓を入れそれぞれ茹ではじめる。調味料は塩だけを入れて、弱火でかなり長時間茹でる。

キルギスでの宴会（トイ）では羊の頭は重要なものである。宴会の場ではテーブルには黒く焼いた羊の頭が乗せられている。食事のはじめに「オーミン」とお祈りをしてから、主客が頭頂にナイフで十字に切り込みを入れ、左側の耳を切り取って、ナイフで刻みながら耳の小片を食し、さらに会席者全員にこの耳の小片を食べてもらう。また眼球の一つは主客がこれを食べるといった決まり事がある。

家庭での屠畜（ソイ）はなかなか大掛かりなものになるので、バザールの肉売り場では羊の頭だけが売られているのを見ることができる。

4　保存食としての肉利用

行事や儀礼で行う屠畜（ソイ）とは別に冬の食料としての肉利用を紹介しよう。現在ではバザールに行けば肉売り場がありいつでも肉を買うことができるが、遊牧の時代は自らが所有する家畜から肉を得ていた。遊牧民にとって肉は冬の食べ物であり、家畜が肥えた頃合いで、冬を前に屠畜を行う。ただし、そのままでは肉はすぐに腐敗して食材にならなくなってしまうので保存用に加工する。主に腸詰や干肉にして長期保存するのである。遊牧民は肉を生食することはない。

キルギスの腸詰め＝カズ

キルギスでよくみられる腸詰はカズ（カズィ）と呼ばれる馬肉を使ったものである。カズの断面を見ると褐色の肉の部分が半分くらいあるが、残りの半分は脂である。脂の部分が多いほど高級とされる。塩やクミンが入れられており、塩味のする腸詰である。バザールの肉売り場に行くとカズがたくさん吊るされている光景を見ることができる。

カズはスライスして食べるほか、プロフやラグマンやベシュバルマクなどの料理にも添えられる。カズはキルギスではもちろんカザフスタンでも同様に見ることができ、カザフスタンのスーパーなどではあらかじめスライスしたカズを真空パックで綺麗にパッケージされているものを見ることができた。定住民の食文化を持つウズベキスタンでもカズを見ることができて、例えばタシケントのプロフ専門店であるプロフセンターではカズを添えたプロフはとても高価なものとなっている。カズは高級な食材なのである。普通の肉に比べて馬肉はとりわけ特別なものであり、カズはキルギスのみならず中央アジアの広い地域で好まれている肉料理であると言える。

実際の屠畜（ソイ）に立ち会うことで肉や内臓を余すこと無く使い、さらに保存にも用いられるという遊牧民の食の知恵を目の当たりにすることができた。遊牧民の肉に対する思いは、われわれ日本人の魚に対する感情と似ているという印象を受けた。筆者が見たソイは晴れた青空の下で実にあっけらかんと行われたが、決して残酷なものではなく、家畜に対して命をいただくという尊敬と感謝の気持ちを見たような気がした。

5　さまざまな乳製品

(1) 遊牧民にとっての乳製品

遊牧民の食文化において肉の利用と並ぶもう一つの柱が乳の利用である。日本の食文化において乳の利用はほぼ欠落していて、乳製品が食卓に入ってきたのは明治以降のことである。奈良時代に「蘇」や「駱」や「醍醐」という渡来の乳製品が存在したが宮廷や貴族の間だけにとどまり、一般民衆に広まることは無かった。よって、われわれ日本人にとっての乳製品の認識は、バター、チーズ、ヨーグルトなど限られたものしか浮かんでこない。ところが遊牧民にとっての乳製品は重要な食料として実に多様な利用体系を持っており、一見しただけではなかなか理解が及ばない。事実、バザールの乳製品売り場を眺めてみても白いものが固形だったり液状だったりペースト状だったりするのが分かるだけで、それがどのように作られてどのように食べられるかを詳細に理解することは難しい。拙著『美味しい中央アジア』でもこの乳製品の紹介は簡素に触れただけであったので、この部分について改めて調査する必要性を感じていた。

そこで筆者は二〇一六年八月に主にキルギス東部を回り、様々な乳製品を見てきた。そもそも遊牧民にとっての乳製品は重要な栄養源である。肉の利用も重要な食文化であるが、限りある家畜を食肉として消費してしまうと持続的な生活を送ることができない。その意味で肉はどちらかというとご馳走なのである。よって日常的には乳利用の重要性が増してくる。ただし生乳はいつでも得ることはできない。乳というものは当然ながら仔羊や仔牛といった仔畜を育てるために母親から泌乳するものを人間が横取りして得るものである。仔畜が健やかに成長するためには母親の餌になる草が豊富にある時期が望ましい。そこで、春先に仔畜が産まれるようにあらかじめ生殖の管理が行われる。生殖の管理としては、雄は生後すぐに選ばれた一部を除いて間引かれたり去勢されたりして肉の利用に用いられる。遊牧民と家畜は自然に近い状態で暮らしているようなイメージがあるかもしれないが、詳細に見ていくとその生活は高度に計算されていることがわかる。草地を求めて移動するのも家畜が草を食い尽くしてしまわないためであるし、それに応じて遊牧民の住居は移動に適したユルタ（ボズユイ）というような天幕が発達した。

ここでは高度に発達した遊牧民の乳製品の加工について取り上げる。キルギスでは馬乳酒に使う馬乳を除いて、伝統的には主に羊の乳を使ってきたが、ソ連時代に泌乳量の多い乳牛が導入されたことで、現在では牛乳が使われている。また定住化した現在のキルギスでは定住民の食文化も受け入れられてきており、乳製品に頼った食生活からは変容してきているが、やはりその食文化には様々な乳製品を見ることができる。

(2) 乳加工の体系

搾乳したばかりの生乳はそのままでは腐敗しやすい。しかも遊牧民は生乳のままで飲用しないので乳製品を利用する食文化とはいかに生乳を加工して長期に保存できる食材に変えていくかにあると言える。そうすることで安定的に食料を得ることが可能になるという生活の知恵である。ところで、遊牧民は居住する地域もさまざまであり、それぞれが乳加工の文化を持っている。遊牧民が持つ乳加工の技術は各地の遊牧民が独自に開発したものではなく、もともとは同じ技術が遊牧民の間に広まっていったという説がある。その技術を遊牧民がさまざまな地域に移動し、各民族の居住地域における気候風土に適合させていくことでバラエティーに富んだ乳加工の技術を得ていくことになったのだろう。

現在のキルギスにおける代表的な乳製品を列挙すると次のとおりになる。

カイマック（クリーム）／サル・マイ（バターオイル）／チュボコ（バター）／アイラン（酸乳）／スズメ（チーズ）／クルト（チーズ）／ブシュタク（チーズ）／クムズ（馬乳酒）

ここに挙げた乳製品は生乳からの加工段階でそれぞれ名前が付けられたものであり実に多様である。バザールで乳製品を見かけても予備知識が無いとどのように違う食品であるか見分けるのが難しい。ただし、その加工の体系により分類すると多少は分かりやすくなってくる。大きく分けると、①クリーム・バターの加工、②酸乳・チーズの加工、③酸乳酒の加工に分類することができる。学術用語としての乳製品の定義を簡単に紹介すると、まずクリームとは、静置法または遠心法により比重の違いを利用して乳から主に乳脂肪分を集めた乳製品である。日本でも良く知られた食品であるバターとは酸乳もしくはクリームから主に乳脂肪分を集めたものである。酸乳とは乳酸発酵により糊状もしくは液体状になった発酵乳であり、西欧や日本ではヨーグルトと呼ばれているものである。ただし、酸乳の状態での保存性は十分ではない。またチーズとは生乳より作られた固形の食品で脱水処理を受けて保存性を高めた乳製品である。さらに、遊牧民の間で見られる酸乳酒とは乳酸菌と酵母により乳酸発酵とアルコール発酵が進展した発酵乳である。

これらの用語を理解してもらった上で、乳製品がどのように作られるか述べていこう。

(3) バターの加工品

乳製品の利用についての一つの系統がバターの加工である。まずここではキルギスにおけるバターの加工を紹介する。キルギスでは生乳をスットと呼ぶ。スットからカイマック(クリーム)、チュボコ(バター)、サル・マイ(バターオイル)というさまざまな食品に加工していくものである。バターの加工の手順は一気に行うわけではなく、まず最初にスットからカイマックに加工する。カイマックもそれほど長期間の保存には適さないので時間の経過とともにチュボコとサル・マイにそれぞれ加工して順次保存に適する食品にしていく。つまり、カイマックを最初に食べて、悪くなりそうなタイミングで次のチュボコとサル・マイの加工へと移るのである。これも一つの乳製品を余すことなく使う遊牧民の知恵である。

カイマック

スット（生乳）から最初に作られる乳製品はカイマックというクリームである。カイマックはスット（生乳）から乳脂肪分を集めた柔らかいペースト状の乳製品である。ナン（レピョーシカ）に付けて食べたりお茶に混ぜたりする。無塩バターのようだがもう少し軽い味わいである。ナンにカイマックやキルギス特産のハチミツを付けて食べるととても美味しく感じる。筆者はビシュケク近郊のカラバルタの民家でこのカイマック作りを見る機会があった。カイマックの製法は伝統的には静置法によるもので加熱したスットを一晩程度そのままにしておき表

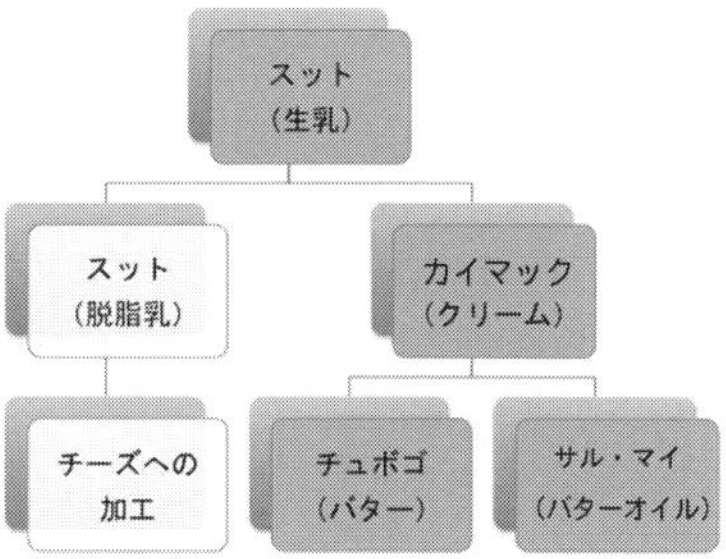

バターの加工

面に浮いてくる乳脂肪分のクリームを収集したものがカイマックである。作るのに時間も手間もかかるものであったが、ソヴィエト時代にセパラートルという手動式クリーム・セパレーター（遠心分離機）が導入されたことで現在では比較的簡便に作ることができる。この加工作業を担当するのは女性である。セパラートルの上部にスットを受ける大きなボウルがあり、そのボウルの中心部が回転する。操作者側には手回しハンドルが付いており、加熱したスットをボウルに入れてハンドルを二十～三十分程ゆっくり回していく。セパラートルには注ぎ口が二つあって、片方の注ぎ口からやがてカイマックが滲み出て来る。このカイマックは少し黄色がかっている。反対側の注ぎ口からはスキムミルク（脱脂乳）が出て来る。スキムミルクと生乳では見た目は区別できない。なお、このスキムミルクも生乳と同じくスットと呼ぶ。このスキムミルクからはアイラン（酸乳）などが作られる。

スット（生乳）十リットルにつきカイマック一リットル程度しかできない。静置法に比べてかなり時間を短縮できるようになったが、やはり生産量が少ないので貴重品である。前述したとおりカイマックはそれほど長期間保存には耐えないので悪くなる前に次の加工に進む。

サル・マイ

サル・マイは「黄色い油」という意味のバターオイルである。バターオイルは、カイマックを加熱して乳脂肪分以外の成分を除いた乳製品である。このサル・マイは料理に使用される。長期間保存することが可能でバターの最終保存形態である。この加工をキルギスの東部イシク・クリ湖南岸にあるクズルトゥ村の民家で見ることができた。ここでも加工を担当したのは女性であった。台所には竈に加熱した鉄鍋（カザン）がセットされている。これをいったん竈から下ろし、カイマックを鉄鍋に入れる。するとカイマックはたちまち黄色い液状に溶けていく。ここで鉄鍋を竈に戻し再度加熱しながら溶けたカイマックを丁寧にかき混ぜる。しばらくすると鉄鍋の中のカイマックは溶けて液状になっていくが、よく見ると固形物が底に沈んでいるのがわかる。はっきりと固形物と液体が分離したところで竈から鉄鍋を下ろして上澄みの液体をすくい取る。この黄色い液体がサル・マイである。サル・マイはバター独特の動物性食品の匂いがするが特に味はしない。

チュボコ

サル・マイの加工ではカイマックを加熱すると液体の部分と固形の部分に分離する。この固形部分がチュボコである。チュボコはサル・マイを作る際にできる残渣《さ》物である。どちらかというとサル・マイを作ることが目的でチュボコは副産物的な扱いである。よって、バザールなどを覗いてもチュボコを見かけることはあまりない。チュボコは褐色の固形で、バターの匂いがする。サル・マイが無味なのにチュボコは口にいれるとほのかに甘い味がする。これをタルカンという大麦を炒った麦焦がしと混ぜておやつ代わりに食べるそうだ。

サル・マイ（左）とチュボコ（右）

ここまでキルギスのバターの加工をスット（生乳）からカイマック、サル・マイ、チュボコという流れで見てきたがまるで理科の実験を見ているようで実に興味深いものであった。バターという名称自体は日本でも一般的な乳製品であるが、キルギスにおけるバターの形は私たちが持っているイメージとは大分違った印象の食品ではないだろうか。キルギスでのバター作りは生活の一部となっており、また遊牧民の高度な食文化の一端を見たような印象を受けた。

（4）チーズの加工品

チーズは日本でも一般的な乳製品でありスーパーマーケットでもさまざまな形状のチーズを見ることができる。また、最近ではヨーロッパのチーズ文化など西洋の発達した食文化を見聞きすることもできるようになってきた。ふり返って日本の食文化を見てみると、バターやチーズなどの乳製品は受け入れられてからまだ日が浅い。どちらかと言うと乳製品は西洋の食べ物という印象があるのではないだろうか。

乳製品は西洋だけでなく遊牧民の食文化でもある。キルギスではチーズも様々な種類を見ることができる。一言でチーズと言っても水分を含んだものや乾燥したものなど形状は様々である。チーズの加工もいくつかのバリエーションがある。バターの加工と同じようにスット（生乳）からアイラン（酸乳）、スズメ、クルト、ブシュタクといった様々な名称の食品になっていく。やはり長期間保存に耐える乳製品を作るということを目的としている。ここからはキルギスの様々なチーズを取り上げていきたい。なお、酸乳（ヨーグルト）は厳密に区分するとチーズとは異なる乳製品なのであるが、チーズへの加工の段階で作られるものなのでここで紹介する。

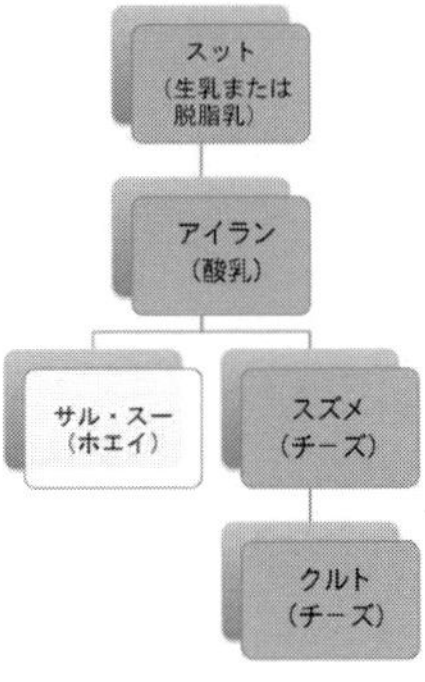

チーズの加工①

アイラン

アイランはスット（生乳）から直接作られる酸乳（ヨーグルト）である。カイマックを分離したあとの脱脂乳（スット）を使うこともある。まずスットを加熱し、さらに前日の残りものの酸乳を少量加えると、これを機に乳酸発酵が始まる。一晩その状態で置いておくとやがてアイランができる。形状は白いゲル状で見た目も匂いも味も日本で普及しているヨーグルトと同じである。バザールではバケツなどに入れられて柄杓ですくってそのまま飲むことができる。また、再生品のペットボトルに入れられて売られている光景を見ることができる。アイランはそのまま食べたり飲んだりするほか、加水したり塩を入れて飲んだりする。最近日本でもよく見ることができるようになったトルコ料理屋のメニューを見てみるとアイランという塩味のヨーグルトドリンクがあるが、ほぼ同じものである。トルコ人も同じテュルク系遊牧民としてユーラシアを西進した民族である。トルコのように中央アジアと離れた場所でも両者の繋がりを見つけることができるのである。なお、一晩そのまま置いておくと気温の関係などで発酵が進みすぎる場合がある。これを酸敗化と言う。酸敗化した場合はそのままでは食用には適さないため、加熱、脱水、乾燥などの加工をして乾燥チーズであるクルトを作る。

スズメ

スズメはスットを乳酸発酵させたアイラン（酸乳）を布袋に入れて脱水し、ペースト状にしたチーズである。もとが酸乳だけあって食べてみると爽やかな酸味を感じる。乾燥はさせていないのでしっとりした食感である。これもそのまま食するほか、この次の加工の段階であるクルトの材料となる。遊牧民の食文化で特徴的なのは、乳製品を料理にあまり使わないことである。例えばミルクを使ったスープやチーズを入れた料理などが考えられるが、キルギスの伝統的な料理では乳製品を使った料理を作ることはあまりない。屠畜のところで少し紹介した羊の肺にミルクを詰めるオロボという料理などは例外的なものだろう。ただし、多くは家庭料理であるためにまだまだこちらが知らない料理があるかも知れない。

ところで、アイランを脱水する段階で出る水分はサル・スーと呼ばれる乳清（ホエイ）である。サル・スーには「黄色い水」という意味がある。サル・スーは食用にはせずに化粧水代わりに利用されたり家畜の餌に混ぜたりする。

スズメ

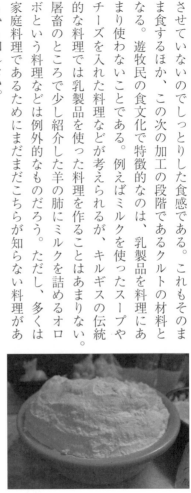

クルト

　クルトは固形の乾燥チーズである。バザールの乳製品売り場を覗くと、ピンポン玉のような白い乳製品が山積みになっているのが目につく。大きさは大小様々だ。このクルトはスズメに生乳を少量加えて加熱濃縮し、塩を加えて混ぜ合わせてから丸く成型して天日で乾燥させたものである。キルギスを始めとする中央アジアの気候はとても乾燥しているのでクルトのような乾燥チーズを作ることに適している。キルギスの移動式住宅であるユルタ（またはボズユイ）と呼ばれる天幕の脇には台があってクルトを干すことができる。クルトの形態になると長期保存に耐える乳製品となり、チーズの加工の最終形態となる。乳脂肪分の多少で味が変わるようだ。食べてみるととても酸っぱくて塩辛い。食べ慣れないと美味しく感じない。日本の梅干しも外国人が食べたら同じように感じるかもしれない。キルギスの人にとってクルトはとても大事な食品のようで喜んで食べる人が多い。特に日

バザールで売られているクルト

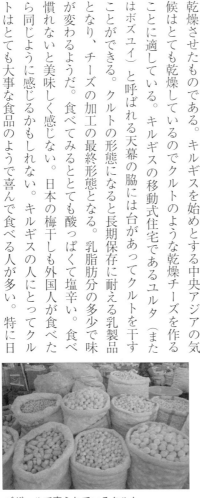

本に住んでいるキルギス人にクルトの話をするととても懐かしそうな顔をする。このクルトには変化形があり、干しアンズを練り込んだものも見られる。褐色のゴツゴツした塊で、食べてみると甘酸っぱい味がしてクルトだけに比べると大分食べやすい。キルギスではクルトは料理に使われることはないが、定住民であるタジク人の間などではクルトップというスープの材料として使われる。

クルトは遊牧民にとっては伝統的な食品であると共に、長期保存に耐えることから貴重な栄養源ともなるのである。夏の間に加工されるクルトは冬でも食べられる食料となるのである。クルトのような乾燥チーズはキルギスに限らず、カザフはもちろん他のテュルク系遊牧民族の間でもよく見られる乳製品である。

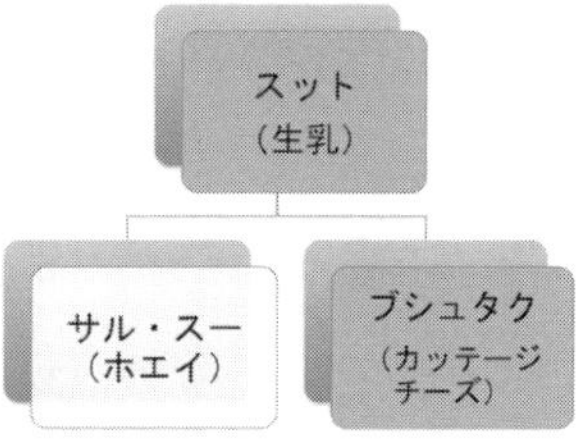

チーズの加工②

ブシュタク

ここまでスットからアイラン（酸乳）を経て加工されるチーズの系統を述べてきたが、

ここで取り上げるブシュタクは少し異なる加工方法を取る。スット（生乳）にアイラン（酸乳）を凝固剤として加えると凝乳となる。これを布袋などに入れて脱水したものがブシュタクというカッテージチーズである。凝固剤として使用されるのはアイランのほか乾燥させた仔羊や仔牛の第四胃が用いられることもあるようだ。白いポロポロとした形状で、そのまま食べてみると酸味はそれほど強くない。砂糖やカイマックを入れたり、またはヴァレーニエというロシアの果実煮をかけたりしてデザート代わりに食べる。ブシュタクは、ロシア語ではトヴォログと呼ばれお菓子の材料として使われる。キルギスのチーズは基本的にはそのまま食され料理の材料として使われるケースはあまり無いと先に述べたが、このブシュタクは砂糖やヴァレーニエといった甘味と共に食されるのが変わったところである。このような食べ方はロシアの影響であろう。これまで紹介したキルギスのチーズの中では、このブシュタクが最も癖がなく、日本人の口にも合うように思えた。

ブシュタク

6　乳製品の飲み物

ここまで肉の利用、乳製品の加工など遊牧の伝統を残すキルギスの特徴的な食文化を述べてきたが、飲み物についても特筆すべきものがある。その中からいくつか紹介しよう。乳製品の加工の項目に入れるべきものもあるが、飲み物として分類することとした。

（1）酸乳酒

クムズ

キルギスでは生乳から加工して作られる酸乳酒がよく飲まれる。このうちクムズは馬乳で作られる酸乳酒である。馬乳は牛乳に比べて乳脂肪分が少なく、乳糖が多いという特徴がある。乳糖はお腹をこわす原因でもあるのでそのまま飲用することは避けられてきた。遊牧民が生乳をそのまま飲用せずに加工してから食する理由は、保存性を高めるという理由の他に生乳に含まれる乳糖を乳酸発酵などの作用により分解して食べやすくするためでもある。ところが、馬乳酒を作る際はこの乳糖を積極的に利用し、アルコール発酵させるという特殊なケースである。馬の泌乳は夏の限られた時期だけであるのでとても貴重なものである。

筆者は夏の飲み物であるキルギスのクムズ作りを見学した。場所はキルギス東南部のナリンである。ナリンは家畜バザールの項で紹介したアトバシの近くで、ナリンのクムズは特に美味しいと言われている。ナリンは山がちな地形であるが、街道沿いには乳製品を売る移動式住居のユルタが並ぶ。その一つに立ち寄った。道路脇には販売しているものの看板が掲げてある。メニューにはクムズ（馬乳酒）、スット（生乳）、クルト（乾燥チーズ）、スズメ（チーズ）とあり、またクールダックという肉料理もある。クールダックは肉とジャガイモの蒸し焼き料理である。言わば乳製品とキルギス料理のドライブインのような感じである。

クムズもそのひとつである酸乳酒は乳酸発酵とアルコール発酵により出来上がる発酵乳飲料である。加工方法は蓋の付いた木桶に馬乳（サウマル）を入れ、まずはすでに出来上がったクムズを少量入れると発酵が始まる。さらにピスペックと

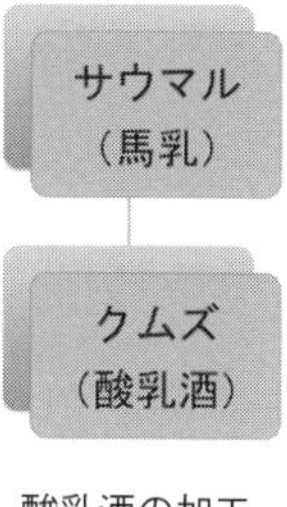

酸乳酒の加工

いう撹拌棒で上下に撹拌するものである。キルギスの首都ビシュケクはこの名称に由来している。棒で撹拌する作業をチャーニングと言い、一日につき三百回程度チャーニングを行い一晩そのまま置くとクムズが出来上がる。また灰を少量入れると飲みやすくなるそうだ。飲んでみるとかなり酸味が強い。灰が入っているせいか燻製のような香りもする。酒とは言っても含まれるアルコールは一〜二パーセント程度であり、現地ではむしろ健康飲料として飲まれているようだ。また幼い子どもも飲んでおり栄養的にも優れているのだろう。ただし乳糖に耐性のない者がたくさん飲むとお腹を壊すと言われている。

隣国のカザフスタンでもクムズはよく飲まれる乳製品で、現在ではスーパーマーケットなどでペットボトルに入ったクムズを見ることもできる。遊牧民の伝統的飲料の現在の姿であろう。

ボゾ

酸乳酒の加工は馬乳によるものが多いが、牛乳で作られるものをボゾという。馬乳は牛乳に比べて乳糖が多く含まれておりアルコール発酵しやすいので一般的に見かけることができるのはクムズだが、中には牛乳で作られるものもあるようだ。牛乳酒としてのボゾの加工方法はクムズとほぼ同じだと思われるが、純粋に牛乳で作られたボゾを筆者は見ることができなかった。ところがバザールなどではボゾという名前の飲み物が売られている。実はこのボゾは牛乳酒ではない。現在のキルギスではボゾは牛乳を使わずにトウモロコシ、小麦、大麦、麦芽などの穀物を発酵させて作られているものが多い。飲んでみると酸味の他に少し甘みを感じる。

牛乳酒としてのボゾをあまり見かけなくなった理由はわからないが、伝統的なかたちで家庭の中では作られているのかも知れない。なお、キルギスの飲料メーカーであるショロ社からボゾというペットボトル入りの製品が売られているがこの製品にも麦芽などの穀物が使われている。

ところで酸乳酒のバリエーションとして、隣国のカザフスタンではシュバトというラクダの酸乳酒を見ることができる。キルギス国内には砂漠は無いのでラクダを見かけることはない。

バザールで売られているボゾ

キルギスとカザフはとても近い乳製品の食文化を持っているのであるが、気候風土に応じて少しずつ異なる文化を持っているのである。

（2）乳酸発酵飲料

キルギスには酸乳酒のほかにもアルコール分を含まない乳酸発酵飲料がある。

チャラップ

チャラップは一言で言うとヨーグルトドリンクである。酸乳であるアイランにそのまま加水するのではなく、スズメに水を加えて飲料とする。また、塩を加えることもあり、これがペットボトルに入った製品として売られていることもある。塩の入ったヨーグルトドリンクは不思議な味であるが慣れると美味しく感じる。特に夏の暑い時に飲むととても美味しい。なお、チャラップは同名の料理がウズベク料理など定住民系の料理として組み込まれており、キュウリなどを入れた冷製スープとして食べられている。

タン

タンは炭酸入りヨーグルトドリンクである。アイランに炭酸水を加えた塩味の飲み物で、ペットボトル入りの製品としてスーパーマーケットなどで見ることができる。チャラップより爽やかな喉越しであり、やはり夏の暑い日に飲むと美味しく感じる。炭酸水という比較的新しい素材を用いているので最近の飲み物ではないだろうか。

ジャルマ

ジャルマは大麦の麦芽を使った発酵飲料である。主な材料が乳製品ではなく穀物である点が特徴的である。タルカンという大麦の麦芽とアイランを用いて乳酸発酵させて作る。他の乳製品は白色のものが多いがジャルマは茶色で、表面は泡立っている。飲んでみると酸味が強く、麦のざらついた食感がある。日本で似たような味のものを探すのが難しく飲み慣れないと美味し

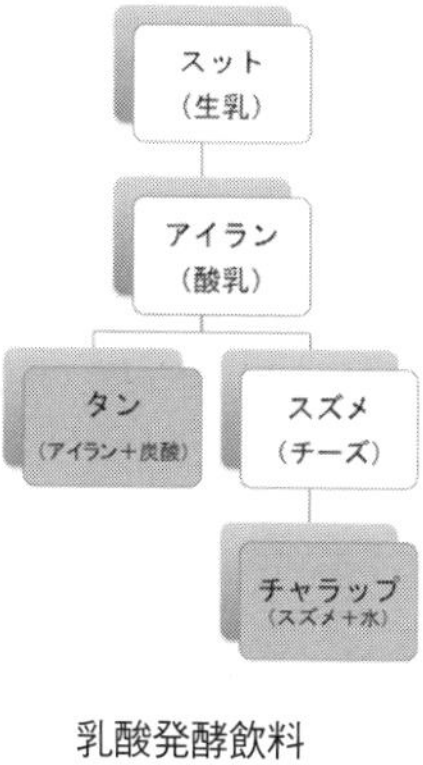

乳酸発酵飲料

く感じないだろうが、慣れてくるととても美味しい。バザールでも売られているが、バケツの中に泡立った茶色い液体という見た目で飲むのに少し躊躇してしまう。

ジャルマは飲料メーカーのショロ社で製品化されており、マクシムという名称で知られている。夏になると街のあちこちにショロ社の屋台が出ており、マクシムをコップの量り売りで買うことができるほか、ペットボトルの製品もスーパーマーケットなどで見ることができる。夏の暑い日にマクシムをコップ一杯飲むと、冷たくて酸っぱい味わいに一気に暑さを忘れるほどとても美味しく感じる。キルギス独立後に設立したショロ社とマクシムはキルギス国内で最も知られたものであろう。

7　遊牧民の小麦料理

遊牧民の食文化は肉の利用と乳製品によるものが基本であるが、この他に定住民との関わりにより得られた農産物の利用による食文化もある。遊牧民と定住民は互いに敵対するものではなく、さまざまな関わりの中で歴史を重ねてきた。定住民の中でも乳製品の利用は盛んであるし、逆に遊牧民でも農産物を利用する。ただし現在ではキルギス人の間でも定住民的な食文化が広まっており双方の境界はわかりにくくなってきている。現在では遊牧民の食文化と定住民の食文化を厳密に分けることがむずかしい状態となったが、ここでは遊牧民の農産物利用による食文化のうち特徴的なものについて述べていく。遊牧民の農産物利用は、大麦などのほかにジャガイモや豆類もあるが、重要な穀物として位置づけられているのはやはり小麦だろう。小麦は定住民との交易により得られる貴重で高価な食材であり、日常的な食料としてはあまり用いられずに冠婚葬祭やラマザーン明けなどの宗教儀礼、または遠来の客をもてなす言わばハレの料理の材料として用いられる。

ボルソック

キルギスにおける小麦製品の中で最も有名な料理はボルソックという揚げパンであろう。筆者が屠畜（ソイ）に立ち会った際にも振る舞われたものである。捏《こ》ねて薄い生地にした小麦粉を五センチ四方の菱型に切り鉄鍋（カザン）を用いて油で揚げただけのシンプルなものである。小麦の生地に卵や塩を練り込むこともある。ボルソックは宴会などで出される際はとても大量に作る。皿の上にではなくテーブルの上に直に敷き詰められて食卓を豪華に見せる。出来上がったボルソックは軽くてほんのり甘い食感である。

この料理は、キルギスはもちろん隣のカザフでもバウルサクという名で食べられており、モンゴルでもボルツォグという同様の揚げパンがある。またロシア内陸部のテュルク系遊牧民を起源とするヴォルガ・タタール人を中心とするタタールスタン共和国でも同じような料理を見ることができる。

ボルソック

ベシュバルマク

ベシュバルマクはキルギスにおける代表的なご馳走料理である。小麦粉を捏ねて薄い生地にしてから幅一センチ程度に切って茹でた麺の上に馬肉や羊肉を乗せた料理である。ベシュバルマクには「五本の指」という意味があり本来は手で食べられていた。宴会（トイ）

で出される料理で、まずは羊の屠畜（ソイ）を行い、最後のメインディッシュとして出されるというまさに最上のご馳走である。

羊の屠畜（ソイ）に立ち会った際にベシュバルマクを作る作業を筆者は実際に見てきた。ソイが終わり肉を茹でている間に小麦粉を使った料理の準備をする。平たく伸ばした小麦粉の生地をやや太い麺状に切っていく。麺は茹でた後で皿の上に盛る。さらに茹で上がった肉を上に乗せてベシュバルマクは完成する。

ソイを始めたのは午前中で、肉の解体はあっという間に終わったが肉を茹でる時間がとても長く、全ての料理が出来上がったのは夕方になってからであった。出来上がった料理は招かれた家の応接間のテーブルに並べられた。テーブルには直にボルソックが敷き詰められて、ベシュバルマクと共に肉の茹で汁がスープとして出された。出来上がったベシュバルマクはとても塩だけで味を付けたとは思えないほど濃厚な味わいであり、柔らかな肉と麺の組み合わせで食べてみるととても美味しく感じられた。またスープも塩で味付けしただけのシンプルなものであるが羊の肉の旨味を凝縮したものだった。料理全体として羊特有の匂いは全く無く、遊牧民の肉料理は簡素な味だというイメージを覆された。同時に遊牧民の食に対するこだわりを感じたのである。

なお、隣国カザフスタンでもベシュバルマクはご馳走料理という位置づけである。民族や地域によって麺が細切りだったり、きしめんのような幅広麺だったり、バリエーションがある。キルギスには幅広の麺を使ったグルチャタイという料理もある。

中央アジアで一般的に見られるラグマンという麺料理は、麺を切らずに延ばす手延べ麺であるが、ベシュバルマクは切り麺である。中国から始まり、ウイグル～ウズベクといったシルクロード沿いで良く見られるラグマンは言わば定住民の間に広まった麺料理であると考えられるが、カザフやキルギスなど遊牧民の世界に広がった切り麺であるベシュバルマクはラグマンとは製法が異なるので別の系統の麺料理ではないだろうか。

チャクチャク

チャクチャクは小麦粉の練り粉を油で揚げてハチミツをかけて固めたかりんとうのようなお菓子である。ハチミツのかわりに練乳をかけたものもある。練り粉の形状もかりんとうに近い円筒形のものや、コーンフレークのような平たいものもある。かじった時の音がチャクチャクと聞こえるからこの名前が付いたとも言われている。ただし、実際に食べた印象はもう少ししっとりして柔らかく、かりんとうのように乾いた食感ではなかった。ハチミツの甘さが印象的な素朴な味わいである。このお菓子は中央アジア全域でも見ることができるが、ロシア内陸部にあるタタールスタンやバシコルトスタンなどでも伝統的なお菓子として食べられている。タタールスタンのタタール人やバシコルトスタンのバシキール人ももともとは遊牧民である。やはりこのお菓子もボルソックやベシュバルマクと同じように遊牧民の料理ではないだろうか。チャクチャクのような揚げ菓子については中国における小麦の加工やお菓子の発達との関連性を考えてみる必要があるだろう。小麦粉などを油で揚げるという調理法は中国で生み出されたものであると言われている。モンゴルやテュルク系の遊牧民はモンゴル高原から西に移動していく流れがあり、遊牧民におけるボルソック、チャクチャクやベシュバルマクといった麺など小麦粉を利用した料理についてはは彼らがもともと住んでいたモンゴル高原などにおいて隣接する中国北部の食文化と関わりがあったことは否定できないだろう。

フォールス

小麦の揚げ物としてフォールスというものがある。小麦粉の生地を幅十センチ程度に薄く丸めて揚げたものや、揚げ麺のような形をしたものがある。食べてみると特に味付けはされていない。どちらかというと食卓を豪華に見せるための装飾的な食べ物という印象がある。着色料で黄色、緑、青などに着色されたものもあり、色彩的にはちょっと食べ物に見えないものもあるが装飾用だと思えば納得する。やはり儀礼や宴会などで出されるハレの食べ物ではないだろうか。

フォールス

第3章　定住民の食文化

1　キルギス第二の都市オシュ

キルギスの主要民族は遊牧民に由来するキルギス人であるが、キルギスは多民族国家でもあり、特に南西部のフェルガナ盆地を中心に多くのウズベク人が居住している。ウズベク人は十六世紀にシャイバニー朝が南下しティムール朝を滅ぼしてからフェルガナ盆地やマー・ワラー・アンナフルのオアシス地帯で定住化するようになった。ウズベク人もキルギス人も同じテュルク系遊牧民を起源としているが、ウズベク人は比較的早くから定住化したこともあり、現在のウズベク人はほぼ定住民の食文化を持っている。フェルガナ盆地東部のウズベク人はウズベキスタン領とキルギス領にまたがって住んでいるが、その食文化に差異はほとんど無い。中央アジアにおける定住民の食文化がどのようなものかは第1章で述べているが、中央アジアが辿ってきた歴史の流れの中で、ペルシア、中国、イスラーム、ロシア、といった多様な文化の影響を受けている。

中央アジアの食文化を取り上げるにあたって、フェルガナ盆地から中央アジア南西部に広がるオアシス地帯にかけての主要な地域において多くの人口を占めるウズベク人の食文化を欠かすことはできない。このうちフェルガナ盆地は一九二〇年代のソ連時代に分断され、ウズベキスタン、キルギス、タジキスタンの三国の国境が複雑に入り組む地域となった。フェルガナ盆地東部にあるオシュはウズベク人が多数を占める都市だが現在ではキルギス領となっている。ソ連時代における境界確定は、この地域の住民の間に暗い影を落とし、しばしば民族衝突の舞台ともなったが現在のオシュは平静を取り戻して活気のある都市になっている。ソ連時代に整備された首都ビシュケクはロシアの地方都市のようなとても落ち着いた雰囲気の街であるが、古くからシルクロードの中継都市として栄えたオシュはビシュケクとは明らかに違うアジア的な混沌とした雰囲気を持っている。街の近郊には世界遺産に登録されているスレイマン・トー（山）が聳え、古くからの巡礼地として知られている。

キルギスを地域別に見てみると、北東部は山岳遊牧文化を中心とする地域であるのに対し、南西部はフェルガナ盆地に接するオシュを中心に定住文化を中心とする地域として区分できる。筆者は二〇一七年の八月にこのオシュなどキルギス南西部の食文化を見てきた。南西部は第2章で取り上げた遊牧民の食文化とは対照的な食文化を持つ地域であるとともに、キルギスの多面性を見る上で重要な地域である。

本章ではウズベク人を中心とする南西部の定住民の食文化を中心に、現在のキルギス人にも広まっている定住民の食文化を取り上げていくことにしたい。

2　米の栽培とプロフ

(1) ウズゲンの稲作農家

フェルガナ盆地の東部にあるオシュ近郊のウズゲンは天山山脈の山岳地帯とフェルガナ盆地との境界にあり、天山山脈からの雪解け水が川となり水に恵まれた豊かな場所である。ウズゲンは稲作が盛んで特にここで産する赤米が有名である。ウズゲン産の赤米は、キルギスのみならずウズベキスタンでも珍重される高級米であり、この赤米で作ったプロフ（炊き込みご飯）は最上のもてなし料理とされる。赤米の値段も高価で、別の地域で産する白米と比べて倍近い価格差がある。キルギスの首都ビシュケクのバザールでも手に入るがウズゲンで買うよりさらに高価である。ビシュケクからウズゲンには幾つもの峠道を越えて十時間以上かけないと行くことができないため、ビシュケクとオシュの間は国内線の航空路も発達している。筆者が訪れた際も片道は航空路で片道は陸路であった。陸路では八月にもかかわらず、高地の峠越えでは雪に見舞われた。オシュとウズゲンを訪れた目的は、この赤米で作られたプロフを食べることと、稲作の状況を調査することであった。

ウズゲンはオシュから約五十キロほどの距離にある。ウズゲンにはムラナの塔（ミナレット）という十一〜十二世紀のカラハン朝の遺跡が残っている。ミナレットはイスラームのモスクに特有の塔である。ビシュケク近郊にあるブラナの塔と呼ばれるミナレットと似た形だがムラナの塔の方が低い。内部には細くて暗い螺旋状の階段があり、塔に登ることができる。この塔の上からは広大な平原を見渡すことができる。ウズゲンには小規模なバザールがあり、入ると活気に溢れエキゾチックな印象がある。奥の方に米売り場があり、さまざまな銘柄の米が売られている。白米のほか、ややオレンジがかった色の米、そして目につくのはウズゲン産の赤米である。オレンジがかった米は赤米に比して価格は安くバトケン産とあった。バトケンはキルギス最西部のやはりフェルガナ盆地と山岳部との境界にある街である。ウズゲンもバトケンも山岳部から平地になる場所は雪解け水などによる河川が流れていて豊富な水を得ることができ、稲作に適している。中央アジアは特に夏は乾燥しているので河川の下流になると灌漑を行わなければならない。ウズゲンは稲作ができる平地と水を得ることができる土地柄という要素が重なって米どころなっているのである。

ウズゲンではキルギス人の稲作農家を訪問した。この農家は稲作農業を行うとともに自家栽培した赤米を直接販売している。訪れたのは八月だったので、販売していた赤米は前年に収穫したものである。赤米には色の濃淡があるが、中には通常の赤米をさらに中国産の着色料で赤く染めているものもあるという。こうして赤くするとより高く売れるそうである。ただし料理を作る際には染めた色は落ちてしまう。もともと染めてない純粋な赤米も同じで、料理をすると赤い色素は落ちてしまい普通の白米で作ったプロフと見た目で区別しにくいのであるが、米粒をよく見ると赤い筋が一本入っているのが赤米の特徴である。

この農家ではさらに田んぼも見学させてもらった。耕作規模は一ヘクタールで、個人の農家の規模はだいたい一から三ヘクタールとのことであった。田植えは例年五月に行っている。日本のように苗を植えるのではなく、種籾を直播きする。日本のような整然としたものではなく、雑然とした田んぼである。日本の稲作では冷害や干ばつなど気候の変動に影響を受けやすいが、ウズゲンでは天候はそれほど気にしていない。また農薬もあまり使わないとのことであった。乾燥した過酷な中央アジアの環境でも生育できる赤米がウズゲンに適した品種であると言えるのであろう。

刈り入れは例年九月に行っている。刈り入れ作業は手で行い、一ヘクタールの稲刈りに十日程度かかっている。収穫量は一ヘクタール当たり約四トンである。収穫後の田んぼは別の作物を植えることはなく家畜の放牧のために場所を貸したりする。田んぼは休耕をすることなく、毎年稲作を行っている。この農家には精米機もあるので精米し、自家で販売している。ソ連時代の状況についても少し質問した。ウズゲンでは昔から稲作を行っていて、ソ連時代は集団農場であったので毎年異なる場所で耕作していたのだが、独立後は自己の耕作地を持てるようになった。また、ソ連時代も現在も米の味は変わっていないそうだ。ただし、米の流通についてはソ連時代にはキルギス人が耕作を行い、それをウズベク人が買い付けて流通させていたのだが、現在では自家で直接販売を行っているとのことであった。ウズゲンではソ連時代にキルギス人が本来の遊牧ではなく、定住農耕民として生業を営むようになったのが興味深い。

⑵　米と料理

赤米

ウズゲンの特産は赤米である。稲の野生種はもともと赤茶色をしている。それが稲の栽培化の過程で品種改良により現在では一般的な白米となっていった。赤米には他の菌類や動物の食害を避けるため、また乾燥や寒冷といった環境よる悪影響から種子の生存率を上げるための物質が含まれている。日本でも古代米と言われている赤米にはタンニンが、黒米や紫米にはフラボノイドが含まれている。赤米とは過酷な環境でも生育できる比較的生命力の強い品種なのである。稲作自体は中国南部の長江流域で始まったとされているが、赤米のような古いタイプの稲が中央アジアで栽培されていることはとても興味深い。

ウズゲンの赤米は短粒米であり、ジャポニカ型の一種であるジャヴァニカ型であるという。ジャヴァニカ型は熱帯ジャポニカとも呼ばれ、インドネシアなど熱帯アジアで栽培されている品種である。

ウズゲン以外の中央アジア各地のバザールでどんな種類の米が売られているのかを見てみると、赤米のほか白米の短粒米や長粒米など様々であった。また、ロシア帝国末期に移住したドゥンガン人やソ連時代に中央アジアに移住した朝鮮人も稲作に従事している。近現代の状況を含めても、中央アジアにおける稲作の来歴は一度に伝えられたものではなく、様々な品種が数次に渡ってこの地にもたらされたのだろう。稲作の面から見ても中央アジアが様々な文化の通り道であったということがわかるのである。

バザールに並ぶ赤米（右奥）

プロフ

中央アジアでの米の料理というと、炊き込みご飯であるプロフが一般的である。プロフは、大量の油で炒めた羊肉やニンジンなどの具材を入れ、その炒め油と水で米を炊き込んだ料理である。大量のニンジンで黄色く染まり、羊肉の旨味が米に染み込んだ美味なものである。馬肉の腸詰であるカズやゆで卵が添えられ、豪華な料理となる。このプロフに類似する炊き込みご飯は中央アジアのみならず、地域によって使われる材料は異なるがインド以西のアジア一帯で一般的に食べられる料理であり、インドやアフガニスタンではプラオ、イランではポロ、トルコではピラウというように広い地域で見られる。この広がりは当初は中央アジアを含むペルシア文化を中心として、後にイスラーム文化の広まった地域と概ね重なる。さらにヨーロッパに渡るとピラフという名称で知られている。ピラフは日本でもよく見られる洋食であるが、その料理の分布地域をたどると中央アジアにもたどり着くのである。中央アジアの料理は日本ではあまり知られていない遠い存在だと思われがちであるが、プロフとピラフという繋がりを見てみると中央アジアを身近に感じるのではないだろうか。

プロフ

プロフは別名オシュ（アシュ）とも呼ばれる。オシュとは

「食べもの」を意味し、まさに中央アジアのソウルフードとも言える。二〇一六年にはウズベキスタンとタジキスタンではプロフがユネスコの無形文化遺産に登録された。プロフは儀礼や客人へのもてなしなど、言わばハレの舞台での料理として位置づけられている。中央アジアの宴会は多人数で行われることが多いが、それに伴いプロフも大量に作られる。プロフは大量に作るほうが美味しいと言われている。しかも、もてなし料理としてのプロフは男性が作る料理とされ、中でも宴会を主催する家長自らがプロフを作ることで客人への最大のもてなしの心を表す。ウズベキスタンなどでは、しばしばプロフを作る男子会が行われてプロフの調理技術伝承などに役立っている。ウズゲンの高級米である赤米を使ったプロフはまさに中央アジア最高のご馳走料理であるということが言えよう。

3　小麦の栽培とナンの文化

中央アジアの食文化において米と共に重要な位置づけとなっている農作物は小麦である。小麦の特性は果皮が硬くて粒食には向かず、臼で挽くなど中の部分を粉食する方法が発達した。その代表がパンである。小麦は一万年以上前に西アジアで栽培化され、紀元前八千年前には無発酵パンが作られていたという。さらに紀元前七千年から紀元前五千年頃のメソポタミア文明で、イラクのジャルモ遺跡からはパン焼き竈状の遺跡も発掘されている。西アジアのパン焼き竈は底に火を入れ、粘土でできた円筒形の内壁に小麦の生地を貼り付けて焼くものが一般的でありタヌールとかタンドールなどと呼ばれている。中央アジアでもこの形状の竈はタンディルと呼ばれており、現在では南アジアから中央アジア、西アジアにかけて広い地域で見ることができる。小麦の栽培はパンとともに発達していき、地理的に近いことから中央アジアもその影響を受けている。タンディルで焼かれるものはナン（ウズベク語ではノン）と呼ばれる平焼きパンである。ナンという平焼きパンは中央アジアに限らず西アジアを中心に広い地域で見ることができる。大きさや形も様々である。日本ではナンと言うとインド料理店で見かける雫《しずく》型のやわらかくて薄い平焼きパンを連想するが、中央アジアのものはもっと固くて厚みがあり大きさは直径三十センチはある。当然一人では食べきれない分量なのでちぎったり切ったりして食べることになる。ナンは食事の際には必ず出されるものであり、日持ちもするので携帯食料としても重宝される。

キルギス南部のオシュにはタンディルを備えたナン屋を街のいたる所に見ることができる。ナン屋を営むのは多くがウズベク人だ。現地で見たナン屋では一日に四百から五百枚ほどのナンが焼かれる。生地を捏ねて凹みのある円形に整形し、光沢を出すためにバターを塗りタンディルの内壁に貼り付けて焼く。ナン屋で実際にその工程を見ていると小さな店内での無駄の無い動きに見とれてしまう。

ナンはプロフと共に中央アジアを代表する食べ物である。中央アジアでの食事の場面では必ず見られるものであり特に定住民には無くてはならないものである。西アジア起源の小麦と東アジア起源の米は中央アジアで出会い、それぞれが極めて重要な食材としての地位を築いている。古来よりユーラシア大陸の東西交流の要地であった中央アジアはまさに文明の十字路であった。

4　小麦農家

中央アジアにおいて小麦は主要な作物である。平地の少ないキルギスにおいても小麦の耕作を行っている。筆者は二〇一七年の夏に小麦農家を訪問したが、そこは前年に羊の屠畜（ソイ）で訪問した家庭で、場所はビシュケク近郊のカラバルタにある。キルギスは全体的に山がちなのであるが、ビシュケクの周囲は平地が広がり農耕に適した土地である。

この家庭では七ヘクタールの畑を耕作している。訪問した八月には畑は既に刈り入れが終わった後であった。小麦の種蒔きは例年九月中旬から十月頃に行い冬を越す栽培となる。種蒔きはトラクターを利用して行っている。雪が降る前に芽が出て冬の間に芽は雪に閉ざされるが、その雪の下で水分が補給される。雑草対策として春になると除草剤を撒くこともある。小麦の生育には雨が降ったほうが良いので、少雨のときは用水路から水を引き入れなければきちんと生育しない。刈り入れは通常七月頃に行う。この年は雨が多くて出来映えはとても良かったそうで例年どおり七月に刈り入れを行うことができた。集落のコンバインを借りて刈り入れ作業は一日で終える。

収穫した小麦は一部を種苗用に残して売却する。ただし、種蒔きや収穫にトラクターやコンバインを借りて使うので経費がかかる。小麦の売却益から差し引くと収入は全体の四〇パーセントほどになるという。ソ連時代と異なり自己所有の畑で耕作できるようになったが、トラクターやコンバインの賃借料が嵩むのがこの農家の悩みの種のようである。売却された小麦は一ヶ月ほど乾燥させてから製粉する。自家で使用する小麦も購入するそうだ。刈り入れが終わった畑は家畜の放牧地として貸し出す。

この農家では小麦のほかに白ビーツ（サトウダイコン）やクローバーの耕作も行っている。白ビーツを齧ってみるとほのかに甘い。白ビーツは砂糖やアルコール発酵用として売却して現金収入としている。また、クローバーは家畜の餌として利用する。その他には大麦も作るが、大麦は小麦と違い春に蒔く。大麦は家畜の餌になる他に第2章で紹介したジャルマという発酵飲料の材料となる。

5　小麦と野菜の料理

定住民の食文化はとてもバリエーションに富んだものであり、中央アジアの食のシーンをより豊かなものにしている。本書では遊牧民の食文化を中心に取り上げているので、定住民の食文化については代表的な料理だけをいくつか取り上げていきたい。

サムサ

中央アジアにおいて代表的な料理であるナンはタンディルという竈で作られるものであるが、この窯ではもう一つサムサというパイがよく作られている。サムサは小麦粉の生地に挽き肉やカボチャやほうれん草などの餡《あん》を入れて包んで焼いたものである。もともとはサンブーサというペルシア語に由来している。三角形という意味で、言葉通り三角形のものが多いが、半月型のものや円形のものも見かける。サムサに類似する料理は中央アジア以外の地域でも見ることができる。例えばインドではサモサというジャガイモの入った三角形の揚げ物だったりする。サムサは軽食としての位置づけであるが、小麦粉の生地を薄く伸ばし、パイ状に何層にも重ねて時間をかけて下ごしらえをするなど見た目以上に凝った料理である。

オシュにはウズベク人が多く住み、チャイハナと呼ばれる

サムサ

軽食堂をよく見かける。なかでもサムサが有名なチャイハナがあり実際に行って食べてみた。大きさは直径十五センチくらいの円形で生地はとても厚く、ナイフで切ってみると大きめの挽き肉がたくさん入っていた。塩味が付いているが、添えられたトマト味のスープをかけて食べることもあるという。軽食とはいえボリューム感のある食事である。

ラグマン

中央アジアは東西交流によりさまざまな文化の影響を受けており、そのなかには中国からの影響を受けたラグマンという麺料理がある。ラグマンは漢語の拉麺（ラアミエン）が語源とされる。「拉」には引っ張るという意味があるとおり小麦粉の生地を引っ張って伸ばして作るものである。ナンのようにタンディルで小麦粉の生地を焼くという製法ではなく、麺は伸ばした小麦粉の生地をお湯で茹でて作られる。麺のように調理にあたって水を多用するのは中国をはじめとする

ラグマン

東アジアの食文化の特徴でもある。日本で連想されるラーメンとは異なり麺はかなり太く、むしろうどんと表現した方がイメージしやすい。ラグマンには様々なバリエーションがあり、平皿の麺の上からトマト味の具をかけたものや、スープに入ったもの、焼きうどんのようなものも見られる。遊牧民の間に見られる麺料理のベシュバルマクの具は肉が主なものでほとんど野菜は使われず、味付けも塩味だけのシンプルなものであるが、ラグマンの具は肉のほかにニンジンやパプリカなど野菜が多く使われる。味付けはトマト味のものが多く、麺料理なので日本人にも親しみがある。基本的には麺は手延べで作るものであるが、現在ではバザールなどでは出来合いの麺も売られており、簡便にラグマンを作ることができる。

マンティ

中国の影響とされる料理にマンティがある。やはり漢語で饅頭（マントウ）が当てられる。現在の中国では饅頭は蒸しパンを指し、餡を入れる餃子状の料理は包子（パオズ）と呼ばれている。日本の餃子は焼き餃子が一般的であるが、マンティは蒸し餃子に近い。小

マンティ

麦粉の生地に塩味の挽き肉を入れて包み、金属製の蒸し器で蒸して作る。形状は半月型や小籠包のような形などさまざまである。小麦粉の生地に挽き肉などを入れて包む料理なのでサムサと似ていないこともないが、サムサは層になったパイ生地を用いてタンディルで焼き上げるのに対して、マンティは薄く伸ばした生地を用いて蒸して作られるので異なった料理となる。マンティは直径五センチくらいの比較的大きなもので、ケチャップやスメタナというロシアのサワークリームやカイマック（クリーム）、または酢をかけて食べる。マンティより小さな餃子は中央アジアではチュチュワラ、またはペリメニと呼ばれ、茹でたりスープに入れたりして食べる。

餃子状の料理は中央アジアのマンティだけでなく朝鮮半島ではマンドゥ、トルコではマントゥといった広い地域で見ることができる。また名称は異なるがロシアのペリメニなど、マンティに類似する餃子状の料理はアジアからヨーロッパまでとても広い地域でも見ることができる。

ディムダマ

　ここまで取り上げてきた料理は小麦粉を使った料理であるが、ディムダマは肉と野菜の蒸し煮である。ディムラマやドゥンダマとも呼ばれる。羊などのブロック肉とジャガイモとパプリカやピーマン、タマネギなどを鉄鍋（カザン）を使って油で炒めてから鍋に蓋をして野菜の水分だけで蒸し煮にする。日本の肉じゃがに似ている料理である。定住化が進みキルギスでも野菜を簡単に手に入れることができるようになったため、野菜を多用する料理も一般的になった。乾燥している中央アジアでは水は貴重なものであり、野菜の水分だけで作られるディムダマはこの地域ならではの料理である。遊牧民ならではの肉を使った料理が多いなかでディムダマのような野菜を多用した料理は特にキルギスで

ディムダマ

は印象深い。また、料理に使用するカザンはプロフだけでなくディムダマのような料理を作ることもできるため、この鍋は中央アジアでは無くてはならない万能鍋であると言える。

5 小麦のお菓子

キルギスを含め中央アジア地域でよく見られるお菓子は、第2章で紹介したチャクチャクといった遊牧文化に由来するもののほかに定住民の間に広がったものもある。そのうち特徴的なものはイスラーム文化の影響を受けたものである。歴史的に中央アジアはイスラーム文化圏に属するが、このイスラーム文化においては飲酒が忌避される一方で砂糖を使ったお菓子が発達した。もともと砂糖は高価で貴重なものであり嗜好品であるほかに薬としても使われた。質の良い砂糖はより高価で取引されることになるので製糖技術が発達した。高価な砂糖の取引は経済的な富をもたらし、そのため時に支配者による権力と結びつくこともあった。

ここではその砂糖を使ったお菓子を取り上げる。現在の中央アジアはイスラーム文化の影響を受けた菓子の他に、ロシアやウクライナといった旧ソ連を構成する地域で生産されたチョコレートなどや、ロシアの伝統的なお菓子も見られる。これは中央アジアがロシア・ソ連の影響を受けてきた特徴であるのだがここでは割愛する。

ハルヴァ

中央アジアのお菓子としてまず紹介したいのはハルヴァである。バザールなどでよく見かけるが、見た目は灰色の大きな塊で、一見すると正直なところあまり美味しそうには見えない。ハルヴァは小麦やナッツ、またはヒマワリなどの種子の粉末に油と砂糖を混ぜてペーストにして固めたもので、西アジアを中心に中央アジアなど広い地域で見られる歴史のあるお菓子である。さらに北アフリカのアラブ諸国や東欧、旧ソ連など極めて広い地域でも同名のお菓子があり、形状も固形のものやペースト状のものなどバラエティーに富んでいる。死者や祖先を偲ぶという意味で葬式の際に作られることもある。中央アジアのハルヴァは、チョコレートを練り込んだ現代的なものも見られる。お菓子屋ではお土産用に小さくパック詰めされたものもあるが、必要な分量だけカットして買うのが普通である。

ハルヴァは、デザートとして食べられるほか、朝食代わりに食べられることもある。麦こがしに似た食感だが、口に入れるとほろほろと崩れ、それでいてしっとりしていて美味しい。

パフラヴァ

パフラヴァはパイ菓子である。パイ生地を何層にも重ねて、間にピスタチオなどのナッツやくるみを挟み込んで焼き、仕上げにシロップや蜂蜜を上からかけた甘いお菓子である。あらかじめ菱型や四角形に切り分けられており、層を成した断面が美しい。キルギスなど中央アジアではパフラヴァと呼ばれるが、バクラヴァという読みで西アジアを中心に、バルカン半島、北アフリカのアラブ諸国など幅広い地域で見ることができ、イスラーム文化の影響のある地域でよく見ることができるお菓子である。『千夜一夜物語』にも登場するお菓子で、古くから親しまれている。バクラヴァの

バフラヴァ

本場であるアラブやトルコのものは大量のシロップでかなり甘いが、中央アジアのパフラヴァは比較的甘さが控えめで食べやすい。

パフラヴァは現在のキルギスでも一般的で、例えばイシク・クリ湖東部にあるカラコルという街のホテルでは朝食として出された。バザールや街なかのお菓子屋でもよく見かけることができる。

第4章　少数民族の食文化

キルギスにおける民族構成は日本の外務省の基礎データによるとキルギス人、次いでウズベク人であるがこのほかにもロシア人やその他の少数民族からなる多民族国家となっている。少数民族にはそれぞれの文化的背景があり食文化も異なっている。キルギスは小国でありながら多様な民族の食文化を見ることができ、食のシーンをより豊かなものとしている。

1　ドゥンガン人の食文化

(1) ドゥンガン人

キルギスの食文化を詳細に見ていくうえで興味深いテーマが少数民族の食文化である。筆者は特にキルギス東部に多く居住するドゥンガン人に着目した。ドゥンガン人は、もともと中国のムスリムである回族をルーツにしている。十九世紀半ばに当時清朝であった中国の西北部の陝西《せんせい》省と甘粛《かんしゅく》省の回族（回民）が太平天国の乱に呼応して蜂起したのだが、後に清朝により鎮圧され、当時ロシア帝国領であった中央アジアに逃れた民族集団がドゥンガン人である。彼らの言語は漢語を元にしているが、現在では漢字は解さない。当時の皇帝ニコライ二世によってキリル文字を与えられたと言われ、文字はキリル文字を用いている。ドゥンガン人は現在でもキルギスやカザフスタンに居住しており、特にキルギス東部のカラコルには多くのドゥンガン人が住んでいる。ドゥンガン人は敬虔なムスリムで、カラコルには木造で中国風のモスクがありドゥンガン・モスクと呼ばれている。彼らは勤勉で経済的にも豊かである。ドゥンガン人は野菜の栽培を得意としており、キルギスのバザールで売られている野菜類の多くはドゥンガン人によるものだという。

中国風のドゥンガン・モスク

(2) ドゥンガン料理

筆者はカラコルでドゥンガン人の家庭を訪問した際に生活について少し話を聞いた。カラコルにはドゥンガン人が多いが、ビシュケクにもドゥンガン人のコミュニティがあるそうだ。カラコルなどの街や小さな村では学校でドゥンガン語を教えている。ドゥンガン語については、ロシア語との辞書はあるがキルギス語とドゥンガン語とのものは無い。ドゥンガン人はロシア語は堪能だがキルギス語はあまり話さないようだ。ドゥンガン人に限らずキルギスでは他民族との意思疎通にはまずロシア語が選ばれている。

ドゥンガン人は敬虔なムスリムとして知られており、カラコルでも木造のドゥンガン・モスクで礼拝を行う姿をよく見ることができる。かつてソ連時代では公務員はモスクでの礼拝は禁止されていたが、一方で一般人は比較的自由にモスクでの礼拝ができたそうだ。

キルギス人の間でもドゥンガン人の料理はとても美味しいという声を聞いた。キルギスをはじめ中央アジアの歴史は複雑であり、それとともに多くの少数民族が見られるが、なかでもドゥンガン人の食文化はとても興味深いものであると言える。

アシュリャンフー

キルギス東部カラコルのバザールにはアシュリャンフーという麺料理の専門店が複数店を連ねている。アシュリャンフーは、小麦粉の麺の上にジャガイモのデンプンで作ったトコロテンのような麺状のゼリーを乗せ、酸味のあるスープで食べる冷たい麺料理である。また、中央アジアの料理にしては珍しく唐辛子を多用しておりとても辛い。

アシュリャンフー

カラコルのアシュリャンフー屋でこの料理を作る様子を見た。アシュリャンフーの特徴は麺状のゼリーである。このゼリーはボウルを利用してジャガイモのデンプンを固める。ボウルを逆さまにして台の上に空けると大きな白いゼリーのような見た目になるので、これを穴の空いたお玉ですくうと麺状のものが出来上がる。この麺状のゼリーと炒り卵やニラなどの具を丼の小麦粉の麺の上に乗せて、スープを注ぐと完成する。アシュリャンフーはジャガイモのピロシキと一緒に食べるものだそうでアシュリャンフー屋ではピロシキも売られている。

この料理の名称について中国語を解するドゥンガン人に聞いたところ、アシュリャンフーの「リャンフー」は漢字の「涼粉」が当てられるそうだ。西安など中国西北部では涼粉または涼皮というデンプンを使った麺料理が知られている。また、「アシュ」とはキルギス語で「食べもの」を意味するそうだ。ドゥンガン人は当初リャンフーだけを食べていたのだが、これだけでは空腹を満たすことが難しいので後に小麦粉の麺と合わせて食べるようになったという。この変化が料理名に「アシュ」が付いたきっかけとなったようだ。このような変遷を経たアシュリャンフーは中国を起源とするものの中央アジアでしか食べることができない興味深い料理であると言えるだろう。

現在のキルギスではアシュリャンフーは一般的で、レストランのメニューにもよく見られるほか、スーパーマーケットの惣菜売り場や駅の売店で駅弁として売られていたりする。

ドゥンガン人の家庭料理

カラコルではドゥンガン人の家庭で食事をいただく機会があった。キルギスでは家屋は通りから見ると高い塀で囲まれていて一見すると殺風景なのだが、このドゥンガン人の家屋は敷地に入ると中庭があり、よく手入れされた花壇に花々が咲いていて明るい雰囲気であった。建物は中国風というわけではないのだが、天井に中国風の提灯が下げられていて異文化の雰囲気がある。通路の奥には台所があり、中庭に面した応接室で食事をいただいた。キルギス人の家庭の応接室は絨毯の上にそのまま座るタイプもあるが、このドゥンガン人の家庭の応接室にはテーブルと椅子が備えられており、部屋の装飾も豪華な感じがした。

料理は、最初にマンチーズと呼ばれるスープが出された。塩味とゴマ油の風味で野菜がたくさん入ったもので食事の初めに必ず食べるという。その後次々に料理が運ばれてきたが、特徴的なものがいくつかあった。まずはベンシという蒸し餃子である。小麦粉の生地の皮の中にニラを刻んだものが入った餃子である。中央アジアでは蒸し餃子は一般的にマンティと呼ばれているが、ここでは名称が異なっている。モンゴルにはバンシと呼ばれる餃子があり、ドゥンガン人のもともとの居住地である陝西省、甘粛省などは内モンゴルに接している。このあたりの地域では餃子はバンシ（ベンシ）が共通の名称のようである。

ドゥンガン人の家庭料理は野菜がふんだんに使われており、肉類の多いキルギス人の料理とは大分印象が違う。キルギスは内陸国でありながら出された料理の中には塩鯖の焼き物もあった。味は日本で食べるものとほとんど変わらない。鯖はモスクワから取り寄せたものだという。キルギスでも地方都市であるカラコルで魚を使った料理が出てくるとは思いもよらず、客人へのもてなしの心に感銘を受けた。その他にフンチョーザという春雨のサラダも出された。お酢を使った酸味のあるサラダである。これもまた貴重な海産物であるクラゲとキュウリとトマトとフンチョーザが綺麗に盛り付けられている。フンチョーザはバザールでは乾燥した状態でよく見かける食材である。スライスされたナンも出されたが、同時に白米も出された。中央アジアでは米の料理はプロフが一般的であるので、白米はとても珍しい。聞くところによるとドゥンガン人の料理には基本的に乳製品は使わない。乳製品を使わないこと自体は中華料理の作り方と同じである。調味料は醤油より酢をよく使うため酸味のある料理が多い。先に紹介したアシュリャンフーも酸っぱい麺料理である。

食事はフォークとスプーンの他に箸も使われる。ドゥンガン人の家庭料理を味わっていると自分がキルギスに居ることを忘れそうになった。

2　朝鮮人の食文化

(1) 朝鮮人（高麗人）の由来

中央アジアのバザールを覗くと、東洋系の顔立ちの人がキムチ（チムチ）やキムパプ（海苔巻き）を売っている姿を見ることがある。彼らは朝鮮系の人々である。キルギスのみならず中央アジア全域でも居住している少数民族が朝鮮人である。中央アジアに限らず旧ソ連地域の朝鮮人は高麗人（コリョ・サラム）と自称している。

現在中央アジアに住んでいる朝鮮人は、もともとは十九世紀半ばに朝鮮半島北部からロシア極東の沿海州に入植してきた人たちの末裔である。彼らはスターリン時代、一九三七年に沿海州から中央アジアに強制的に移住させられた歴史を持っている。当時の朝鮮半島や中国東北部は満州国として日本の支配下にあり、この地域に隣接する沿海州の朝鮮人は日本のスパイだと見做されたのが強制移住の理由である。その数はウズベキスタンに七万五千人、カザフスタンに九万五千人と言われている。強制移住は極めて短期間に行われて、彼らはほぼ着の身着のまま貨物列車に乗せられて長距離を移動することになった。この時の過酷な移動や、到着した先でも粗末な住居しか割り当てられなかったこと、また気候風土など居住環境の激変により多くの犠牲者があったという。中央アジアにおける朝鮮人はソ連時代の言わば負の遺産とも言えるが、現在の中央アジアを理解するうえで無視することはできない。

中央アジアに移住した朝鮮人は朝鮮語を学ぶ機会は与えられずにロシア語での教育が行われたがその教育水準は高く、しかも農耕や稲作の技術に長けていたので経済的には比較的豊かであると言われている。中央アジアに入植した朝鮮人は稲作や野菜生産に従事することが多く、それが朝鮮人の食文化を守ることに繋がっているとも言えるだろう。

(2) 朝鮮料理

チムチ

中央アジアの朝鮮人の食文化で最も特徴的なのはチムチだろう。朝鮮風の漬物であるキムチは中央アジアではチムチと呼ばれている。チムチは「沈菜」という漢字が当てられる。

バザールでは惣菜売り場の一角があり、ケースにはチムチが山盛りになっている光景を見ることができる。ただし中央アジアのチムチは朝鮮半島のキムチに比べると材料はシンプルである。朝鮮半島のキムチは多様な野菜が使われていたり魚介類を入れたりバリエーションが豊富だが中央アジアではキュウリやニンジン、カリフラワー、まれにモヤシや豆腐が使われているのを見かける。私たちが連想する唐辛子で真っ赤なキムチは韓国など朝鮮半島南部のキムチである。一方で朝鮮半島北部のキムチはあまり唐辛子が使われず、白キムチのように色の薄いものが多い。中央アジアに移住した朝鮮人は朝鮮半島北部にルーツを持つ者が多い。よって中央アジアで見られるチムチは朝鮮半島北部のキムチに由来しているものが多いのでそれほど唐辛子の量は多くない。中央アジアの朝鮮人の家庭ではチムチは冬の食べものとして秋に漬け込んで作られる。サラダとして食べるほか、スープの中に白米とチムチを入れて混ぜるといった食べ方をするようだ。

バザールで売られているチムチ

バザールで見られるチムチは酢漬けの野菜といった印象があり、同じ並びにピクルスなども売られている。中央アジアではニンジンなどの野菜を酢や唐辛子と混ぜ合わせるレシピが知られている。チムチは本来時間をかけて発酵させて酸味を出すものであるが、酢を和えて作るのは発酵させる時間を省略するためかも知れない。そうであれば、これは言わば中央アジア風の即席キムチとも言うべきものであろう。現在では中央アジアのチムチはサラダの一種として朝鮮人以外にも広く受け入れられている。スーパーマーケットでは「朝鮮風ニンジンサラダ」の素という調味料パックが売られており、材料を揃えれば誰でも簡単に作ることができるようになった。

ククシ

朝鮮料理でもう一つ紹介したいのがククシという麺料理である。ククシは「掬水」(ククス)という朝鮮語の単語が語源になっているようだ。ククシは酸味のある冷たいスープで食べるもので見た目は冷やし中華に似ている。具として酢漬けの野菜や卵、焼肉などが乗せられている。もともと朝鮮半島では冷麺(ネンミョン)に代表される冷たい麺料理がよく食べられている。中央アジアではククシは朝鮮人の間ではよく食べられる料理で、冬は温かいスープで食べることもある。

キルギスでは韓国料理屋を除いて一般的なレストランでククシを食べるのは難しい。多くが朝鮮人の間で食べられる家庭料理だからである。筆者が初めてククシを食べたのは日本であった。キルギス出身で日本に在住している朝鮮系の女性Iさんに無理を言って作ってもらったのだ。ククシは家庭料理だから他人に作るのは恥ずかしいと遠慮がちに言われたのが印象的だった。

朝鮮半島における麺料理は冷麺に使われる麺（ミョン）と掬水（ククス）の二種類に大きく分けられる。麺（ミョン）が主にソバ粉を使うのに対し、掬水（ククス）は小麦粉が使われる。高麗王朝時代（十世紀〜十四世紀）頃の朝鮮半島ではソバ粉に比べて小麦粉の生産高はそれほど多くなく、中国の山東半島から輸入するので小麦粉は高価な材料であったようだ。よってククシは結婚式などの慶事に食べられるハレの料理となった。もと

ククシ

もと中国や朝鮮では、長い麺には「長寿を願う」という意味があり、年越し蕎麦に「長寿を願う」という意味をこめる日本の文化と通じるものがある。

　中央アジアの朝鮮人は父祖の地を遠く離れても民族の伝統を失わないために「長寿を願う」という象徴的な意味のある料理を代々伝えているのだろう。そこに彼らの苦難の歴史が感じられる。

その他の朝鮮料理

　前述のキルギス出身のIさんにキルギスにおける朝鮮人の食について聞いてみた。これまで紹介した料理のほか、米を餅にして食べることもある。白い饅頭状に丸めて作り、慶事では上に赤い印を入れ、弔事はただの白い餅とするなどの使い分けをしている。また味噌や豆腐を使ったスープを作るなどキルギスにおいても家庭では朝鮮半島の食文化を色濃く残している。

　また、朝鮮人の間ではキルギスの伝統料理は一般的ではなく、朝鮮料理のほかにはロシア料理もよく食べられている。ムスリムではないので豚肉もよく使われる食材である。彼らの食文化はほとんどが家庭料理として食べられていてキルギスを訪れていても触れる機会は少ないのだが、その実態を探ると極めて興味深いものがある。

おわりに

一九九一年に中央アジア諸国が独立してから二七年が過ぎたが日本では中央アジア自体がどんな地域であるかまだまだ知られていない状況にある。日本と直行便で結ばれているウズベキスタンは、シルクロードのイメージとサマルカンドのレギスタン広場に代表される壮麗なイスラーム建築群などを通して定住民の文化が昨今少しずつ知られるようになってきた。ところがもう一方の遊牧民の文化がどのようなものであるかは依然として遠い世界にあると言える。

地域理解の手段としての切り口はさまざまであるが、中でも「食」は重要なテーマであると考えている。本書は遊牧民の世界としてキルギスにスポットを当ててこの地の食文化を通じて中央アジアのもう一つの側面を描き出す試みであった。本書のタイトルにある「食の宝庫」には二つの意味が込められている。ひとつは遊牧民の知られざる豊かな食の世界である。彼らの伝統的な肉と乳製品の食文化には驚くべき食へのこだわりがあった。

遊牧民の食について考察を進めると彼らの食文化は中央アジアという枠組みに留まらずモンゴル~カザフ・キルギス~タタールスタン・バシコルトスタンといったもともと遊牧民の活躍していた広い地域に渡る視点が必要になってくる。このユーラシア内陸部の流れを俯瞰して眺めてみるとまさに「オアシスの道」とは別の東西交流のルートである「草原の道」の姿が浮かび上がってくるのだ。もうひとつは、多民族国家であるキルギスにおける定住民や少数民族に見られる多様な食文化である。中央アジアにおける定住民は第1章で取り上げたとおり歴史の流れのなかでさまざまな文化の影響を受けてきたことで極めて多彩で豊かな食文化を見せている。また、複雑な背景を持つ少数民族の個性的な食文化はまさに宝庫と言っても差し支えないだろう。

本書で取り上げた食文化の数々は中央アジア全体の食文化の縮図でもある。ただしその全てを網羅できたたわけではない。特にキルギス南部のウズベク人に代表される定住民の食文化はかなり割愛した。このことについては別の機会に触れていければと考えている。キルギスという食の宝庫にはまだまだ知られざる食の世界が広がっているに違いない。そこがキルギスという小国の魅力であり、この国に注目した理由でもある。

本書によってキルギスの食文化の一端に興味を持たれる方が一人でも増えることを願うとともに、さらに中央アジア全体にその眼差しを広げ、読者のみなさんがいつか現地に足を運び、ご自身でキルギスをはじめとする中央アジアの美味しさを味わうことでこの地域の魅力を楽しんでいただければこれほど嬉しいことはない。

本書をまとめるにあたり国内外の多くの方々の協力を得た。この場を借りて感謝申し上げる。

参考文献

・本書の執筆にあたって多くの文献を参照したが、ここでは読者の参考になるものを中心にあげた。

石毛直道『麺の文化史』（講談社、二〇〇六年）
小長谷有紀「キルギス乳食文化の特徴」（石毛直道編『世界の発酵乳』、はる書房、二〇〇八年）
小松久男編『テュルクを知るための61章』（明石書店、二〇一六年）
佐藤次高『砂糖のイスラーム生活史』（岩波書店、二〇一〇年）
佐藤洋一郎『食の人類史』（中央公論新社、二〇一六年）
半谷史郎・岡奈津子『中央アジアの朝鮮人』（東洋書店、二〇〇六年）
平田昌弘『ユーラシア乳文化論』（岩波書店、二〇一三年）
舟田詠子『パンの文化史』（講談社、二〇一四年）
水谷令子「中央アジアの稲作と米料理」（『鈴鹿短期大学紀要』、Vol. 18、鈴鹿短期大学、一九九八年）
Венера ТАГАЕВА, ИСКОННО КЫРГЫЗСКИЕ БЛЮДА, Бишкек, 2009.

＊本文中の乳製品の加工図は平田昌弘『ユーラシア乳文化論』及び小長谷有紀「キルギス乳食文化の特徴」を参考に筆者が作成。

先崎将弘（せんざき まさひろ）
1970年、東京生まれ。帝京大学文学部国際文化学科ロシア文化コース卒業。おいしい中央アジア協会専務理事。著書に『美味しい中央アジア』（東洋書店）がある。

ユーラシア文庫10

食《しょく》の宝《ほう》庫《こ》キルギス

2019年1月17日　初版第1刷発行

著　者　先崎将弘

企画・編集　ユーラシア研究所

発行人　島田進矢
発行所　株式会社 群 像 社
神奈川県横浜市南区中里1-9-31 〒232-0063
電話／FAX 045-270-5889　郵便振替　00150-4-547777
ホームページ　http://gunzosha.com
Eメール info@gunzosha.com

印刷・製本　モリモト印刷

カバーデザイン　寺尾眞紀

ISBN978-4-903619-91-0

万一落丁乱丁の場合は送料小社負担でお取り替えいたします。

「ユーラシア文庫」の刊行に寄せて

1989年1月、総合的なソ連研究を目的とした民間の研究所としてソビエト研究所が設立されました。当時、ソ連ではペレストロイカと呼ばれる改革が進行中で、日本でも日ソ関係の好転への期待を含め、その動向には大きな関心が寄せられました。しかし、ソ連の建て直しをめざしたペレストロイカは、その解体という結果をもたらすに至りました。

このような状況を受けて、1993年、ソビエト研究所はユーラシア研究所と改称しました。ユーラシア研究所は、主としてロシアをはじめ旧ソ連を構成していた諸国について、研究者の営みと市民とをつなぎながら、冷静でバランスのとれた認識を共有することを目的とした活動を行なっています。そのことこそが、この地域の人びととのあいだの相互理解と草の根の友好の土台をなすものと信じるからです。

このような志をもった研究所の活動の大きな柱のひとつが、2000年に刊行を開始した「ユーラシア・ブックレット」でした。政治・経済・社会・歴史から文化・芸術・スポーツなどにまで及ぶ幅広い分野にわたって、ユーラシア諸国についての信頼できる知識や情報をわかりやすく伝えることをモットーとした「ユーラシア・ブックレット」は、幸い多くの読者からの支持を受けながら、2015年に200号を迎えました。この間、新進の研究者や研究を職業とはしていない市民的書き手を発掘するという役割をもはたしてきました。

ユーラシア研究所は、ブックレットが200号に達したこの機会に、15年の歴史をひとまず閉じ、上記のような精神を受けつぎながら装いを新たにした「ユーラシア文庫」を刊行することにしました。この新シリーズが、ブックレットと同様、ユーラシア地域についての多面的で豊かな認識を日本社会に広める役割をはたすことができますよう、念じています。

ユーラシア研究所